VOUS POUVEZ RETRAIRE AVEC LA SÉCURITÉ SOCIALE !

Miles Ashton

Tableau Du contenu

Introduction

Vous POUVEZ prendre votre retraite grâce à la sécurité sociale. Je sais, c'est un discours fou, n'est-ce pas ? Après tout, combien de fois avez-vous entendu « La sécurité sociale n'apportera aucune sécurité ». Ou alors, c'est « faire faillite ». Ou bien, il « ne sera pas là pour vous » lorsque vous prendre sa retraite ?

Malgré tout ce bruit, permettez-moi de le répéter. Bruyamment. "Toi . Peut. Se retirer. Sur. Sociale. Sécurité!"

Vous ne me croyez pas ? Je vais le prouver dans ce livre. Et quand vous aurez fini de lire, j'aimerais que vous posiez le livre, respiriez profondément et, dans votre nouvel état d'esprit détendu, criiez ces mots : « JE PEUX RETIRER AVEC LA SÉCURITÉ SOCIALE !

Ce qui est drôle, c'est qu'une fois que vous aurez vu comment cela fonctionne et à quel point cela peut être facile à comprendre, vous vous poserez la question : Si les opposants se trompent à ce point au sujet de la sécurité sociale, sur quoi d'autre se trompent-ils ? Vous verrez les mêmes tripes régurgitées encore et encore, année après année, uniquement dans le but de semer la peur, juste pour effrayer les gens.

Participez à l' étude annuelle de Fidelity Investments_sur combien il en coûtera à un couple de retraités pour payer les soins de santé. Vous avez sûrement vu ce titre affiché partout :

« Un couple qui prendra sa retraite en 2018 aurait besoin d'environ 280 000 $ pour couvrir les frais de santé à la retraite »

Penses-y; Fidelity a-t-elle des raisons de vous inciter à travailler plus longtemps et à investir davantage ? Bien sûr qu'ils le font. Plus vous investissez d'argent, plus ils gagnent d'argent. Bizarre, non ?

Et ce n'est pas seulement Fidelity. L'ensemble du secteur de l'investissement a cet incitatif pervers pour vous effrayer. Ils VEULENT que vous restiez à votre ancien travail merdique, travaillant dans des conditions qui vous rendent malheureux. Ils veulent que vous continuiez à investir avec eux, avec la carotte qui, si vous continuez à investir, vous permettra peut-être un jour, espérons-le, de prendre votre retraite.

Eh bien, et si ce jour était aujourd'hui ? Et si vous en aviez assez de votre situation professionnelle actuelle ? Et si, pour une fois, vous vous mettiez numéro un ? Vous allez enfin vous concentrer sur ce que vous avez toujours voulu faire mais que vous n'avez jamais eu le temps parce que le travail vous gênait. Qu'est-ce que ça ferait ? Libérant ?

Qu'aujourd'hui soit ce jour-là car je vais vous montrer comment prendre votre retraite avec la sécurité sociale. Et une fois que vous aurez compris cette caboche, vous verrez que la vie est trop courte. Vous n'en avez qu'un. Alors faites en sorte que cela compte. Commencez dès aujourd'hui !

Chapitre 1 - Le facteur d'indexation

Votre prestation de sécurité sociale est basée sur les 35 années les plus élevées de votre **INDEXATION** gains . C'est extrêmement important, mes amis. Alors permettez-moi de le répéter :

Votre prestation de sécurité sociale est basée sur vos 35 années d'ancienneté les plus élevées <u>INDEXÉES</u> gains !

Naturellement, vous pourriez vous demander ce que sont les gains indexés ?

Il s'agit du montant que la Sécurité sociale augmente vos revenus réels pour tenir compte de l'inflation. Tableau La figure 1 ci-dessous provient directement du site de la Sécurité sociale et présente un travailleur né en 1957 et son salaire tout au long de sa carrière professionnelle.

Par exemple, regardez l'année 1995. Cet homme a gagné 24 265 $. Cependant, ses prestations réelles de sécurité sociale ne sont pas basées sur ce montant. Il est gonflé de 2,0369 pour lui donner un revenu INDEXÉ pour cette année de 49 424 $.

J'espère que cela a du sens parce que beaucoup de gens se trompent. Votre sincèrement égal. Je n'oublierai jamais d'avoir consulté mon relevé de sécurité sociale et d'avoir vu un salaire de 7 854 dollars quand j'étais dans l'armée en 1989. J'étais découragé en pensant que je n'obtiendrais rien du système parce que je ne gagnais pas beaucoup d'argent.

Mais plus tard, BEAUCOUP PLUS TARD, j'ai appris que les 7 854 $ que j'avais gagnés en 1989 étaient gonflés par un facteur de 4,2601292. Aux fins de la sécurité sociale, mes revenus de 1989 étaient de 33 459 $ (7 854 $ x 4,2601292).

Examinons maintenant l'année 1989 dans le tableau 1. Quel est le facteur d'indexation dans ce cas ? Il est de 2,5036, ce qui est nettement inférieur au mien. Pourquoi?
Parce que votre facteur d'indexation est basé sur votre année de naissance.

Tableau 1 - Facteur indice pour le travailleur né en 1957

ANNÉE	Gains nominaux	Facteur d'indexation	Gains indexés	ANNÉE	Gains nominaux	Facteur d'indexation	Gains indexés
1979	10 733 $	4.3836	47 050 $	1999	30 286 $	1,6515	50 018 $
1980	11 737	4.0214	47 199	2000	32 056	1,565	50 167
1981	12 959	3.6536	47 347	2001	32 918	1,5285	50 316
1982	13 715	3.463	47 495	2002	33 346	1,5133	50 464
1983	14 428	3.3021	47 643	2003	34 261	1,4772	50 612
1984	15 324	3.1188	47 792	2004	35 959	1.4116	50 760
1985	16 027	2,9913	47 942	2005	37 384	1,3618	50 909
1986	16 553	2.9051	48 088	2006	39 216	1.3019	51 057
1987	17 663	2.731	48 237	2007	41 115	1,2454	51 206
1988	18 590	2.6028	48 385	2008	42 183	1,2174	51 354
1989	19 386	2.5036	48 535	2009	41 667	1,2361	51 503
1990	20 343	2.3931	48 683	2010	42 774	1,2075	51 650
1991	21 166	2.3071	48 832	2011	44 241	1.1708	51 799
1992	22 324	2.1941	48 980	2012	45 754	1.1354	51 948
1993	22 584	2.1754	49 128	2013	46 471	1.1211	52 096
1994	23 260	2,1185	49 276	2014	48 257	1,0826	52 244
1995	24 265	2.0369	49 424	2015	50 078	1,0462	52 393

1996	25 529	1.9419	49 574	**2016**	50 787	1,0345	52 541
1997	27 099	1,8348	49 722	**2017**	52 690	1	52 690
1998	28 602	1,7436	49 870	**2018**	54 489	1	54 489

Vous pouvez retrouver vos numéros d'indexation spécifiques sur le site de la Sécurité Sociale ici . Entrez simplement l'année où vous atteignez 62 ans, qui est votre PREMIÈRE ANNÉE D'ADMISSIBILITÉ (connue sous le nom d' **ELY**) . Et vous obtiendrez le facteur d'indexation pour lequel vous pourrez ajuster vos revenus des années précédentes.

L'exemple utilisé dans le tableau 1 concerne un travailleur qui a gagné à peu près le salaire moyen aux États-Unis au cours des 40 dernières années. Son revenu de 16 027 $ en 1985 équivaut à 47 942 $ aujourd'hui. Son revenu de 24 265 $ en 1995 équivaut à 49 424 $ aujourd'hui et ainsi de suite.

N'oubliez pas, je dois le répéter, votre prestation réelle est basée sur vos montants indexés, c'est-à-dire le montant gonflé ! Malheureusement, le relevé que vous recevez de la Sécurité Sociale ne dit RIEN sur le facteur d'indexation.

Ici est un lien vers un exemple de déclaration de la Social Security Administration pour « Wanda Worker », comme l'appelle la SSA. Ces informations sont extrêmement utiles car elles montrent le revenu exact qu'elle a gagné au cours de son parcours professionnel et qui était soumis à l'impôt de la sécurité sociale. Ce que vous remarquerez, c'est que le relevé n'indique PAS les gains indexés. Cependant, si l'on consulte le calculateur d'indexation de la sécurité sociale , vous pouvez voir que les 17 869 $ qu'elle a gagnés en 1989 seront indexés de 2,5974188 ce qui nous donne un montant indexé de 46 413 $. Et ce sont ces 46 413 $ qui servent à déterminer le bénéfice réel de Wanda.

N'oubliez pas que les montants d'indexation varient selon votre année de naissance. Donc, ce que VOUS devez faire est d'aller sur ce site Web et d'obtenir votre facteur d'indexation spécifique à vous, puis nous pourrons passer à la partie amusante, déterminer votre base de prestations.

Chapitre 2 - Gains mensuels moyens indexés (AIME)

La partie la plus importante de votre prestation est votre AIME, votre salaire mensuel moyen indexé. Mais avant de continuer, permettez-moi FORTEMENT de vous suggérer de consulter l'historique de vos revenus que la Sécurité sociale vous fournit.

Est-ce que ça a l'air correct ? La Sécurité Sociale manque-t-elle quelque chose ? Vous devez vous assurer que ces informations sont exactes car TOUT est basé sur cela. J'ai eu un gars sur ma chaîne Youtube qui a dit que le SSA avait manqué quelques années et qu'une fois qu'il l'avait réparé, ses prestations avaient augmenté de 20 $ par mois.

« 20 $ par mois ? Ce n'est rien!" Vous pensez peut-être, mais lorsque vous comprenez comment fonctionne la sécurité sociale, avec les ajustements au coût de la vie ET les prestations de survivant pour un conjoint, ces 20 $ peuvent vraiment faire une différence au fil du temps, des milliers de dollars, en fait.

D'accord, donc en supposant que notre relevé de prestations est correct, voici ce que nous faisons :

*** Ouvrez une feuille de calcul vierge avec 4 colonnes intitulées Année, Salaire imposable, Facteur d'indice et Salaire ajusté, comme dans l'exemple ci-dessous.

*** Trouvez votre facteur d'indexation en allant ici et en entrant l'année au cours de laquelle vous atteignez 62 ans.

*** Multipliez la valeur de la colonne Salaire imposable par la valeur de la colonne Facteur d'indexation et placez ce montant dans la colonne Gains indexés.

Tableau 2

ANNÉE	IMPOSABLE SALAIRES	FACTEUR D'INDICE	AJUSTÉ SALAIRES
1978	9 870 $	4.608	45 481 $

1979	10 767	4.2373	45 623
1980	11 774	3.8872	45 768
1981	13 000	3.5317	45 912
1982	13 758	3.3474	46 053
1983	14 473	3.1919	46 196
1984	15 372	3.0147	46 342
1985	16 076	2,8915	46 484
1986	16 605	2.8081	46 629

D'accord, vous aurez maintenant une feuille de calcul avec ENTIER votre historique de travail. Il peut y avoir certaines années où votre salaire est de 0 $. C'est bon. Vous **devez** gardez ces 0 $ dans la feuille de calcul. Je ne saurais trop insister sur ce point. Ne changez rien à ce que rapporte la Social Security Administration !

Dans le tableau 2 ci-dessus, remarquez que j'ai quelques chiffres en bleu . En effet, pour obtenir votre prestation réelle de sécurité sociale, vous utilisez uniquement le **à p 35 ans oreilles** de vos GAINS INDEXÉS. Cela signifie que vous devez y aller, ligne par ligne, pour identifier vos 35 meilleures années. Pour cet exemple, les montants en bleu ne serviront pas à calculer votre prestation.

AJOUTEZ maintenant ces 35 meilleures années de gains indexés. Il s'agit de vos gains totaux indexés. Si vous avez gagné le revenu médian aux États-Unis chaque année au cours de votre historique de travail, votre revenu total indexé sera d'environ 1 692 145 $. Si vous avez gagné le salaire maximum imposable de la Sécurité sociale, votre total sera de 3 753 365 $.

Prenez le montant total de vos gains indexés et divisez-le par 420. Il s'agit de votre revenu mensuel indexé moyen (AIME).

Par exemple, si vous gagniez le salaire médian, vous diviseriez ces 1 692 145 $ par 420 et obtiendriez 4 028 $. Si vous avez atteint le maximum de la sécurité sociale, votre AIME serait de 9 300 $.

Mes amis, c'est le numéro le plus important en ce qui concerne vos prestations de sécurité sociale. Vous devez comprendre comment cela fonctionne et vous devez vous assurer que c'est correct. Voici une <u>vidéo</u> que j'ai réalisée en 2018 qui décrit le processus. Et voici la mise à <u>jour</u> pour 2019.

Maintenant que nous avons votre AIME, nous devons passer au calcul de votre montant d'assurance primaire (PIA), qui correspond à votre prestation réelle à votre âge de retraite complète (FRA).

Quelques éléments à considérer concernant l'historique de vos revenus avec la sécurité sociale. Il existe des plafonds salariaux pour les impôts maximums que vous versez chaque année dans le système. En 2019, ce plafond est de 132 900 $. Ainsi, si vous avez gagné 150 000 $ en 2019, votre dossier de prestations ne reflétera que 132 900 $, car il s'agit de la limite du montant pour lequel vous payez de l'impôt.

Cependant, disons que vous travaillez dans l'immobilier et que vous avez connu une année 2006 très chaude. Vous regardez vos revenus et ils ne reflètent que 24 000 $ de revenus imposables cette année-là. Mais vous savez que vous avez gagné bien plus que cela. Vous devez contacter le SSA pour effectuer une correction.

Travailleur indépendant? Ne faites pas cette erreur

Et cela m'amène au dernier point de ce chapitre : la propension des travailleurs indépendants à percevoir un dividende au lieu d'un salaire afin d'éviter de payer du FICA.

Je ne peux pas commencer à vous dire combien de propriétaires de petites entreprises avec lesquels j'ai travaillé dans le passé déplaceraient des montagnes pour ne pas avoir à payer d'impôt FICA sur leurs revenus. Laissez-moi vous donner un exemple de la façon dont cela fonctionne.

Vous êtes travailleur indépendant et dirigez un atelier de réparation automobile. Pas d'employés, juste vous. Votre revenu brut est de 100 000 $. Si vous prenez cela comme salaire, vous devrez payer 12,4 % d'impôt

OASDI et 2,9 % supplémentaires en HI pour un impôt FICA total de 15,3 %.

Vous ne voulez pas perdre 15 300 $ en taxes FICA sur ces 100 000 $. Ainsi, à la place, vous vous versez un montant minimal, disons 24 000 $, sous forme de salaire et le reste sous forme de dividende qui n'est PAS soumis au FICA.

Avancez rapidement jusqu'à ce que vous atteigniez 62 ans et que vous commenciez à penser à prendre votre retraite. Votre prestation de sécurité sociale sera incroyablement faible. Pourquoi? Parce que vous ne payiez d'impôt que sur un « salaire » de 24 000 $. J'espère que vous avez économisé ou investi une partie de cet argent en dividendes, car vos revenus de sécurité sociale seront dérisoires. Pourquoi ne pas simplement payer le FICA sur la totalité de vos revenus pour savoir qu'un avantage plus important vous attendra à votre retraite ?

Deuxièmement, et croyez-moi sur ce point, l'IRS connaît également ces scénarios avec les travailleurs indépendants. S'il y avait jamais un signal d'alarme pour conduire à un audit, ce serait bien celui-là.

Morale de l'histoire, ne soyez pas économe et stupide. Payez simplement l'impôt et reconnaissez que vous le récupérerez, à la retraite, au moment où vous en aurez le plus besoin.

Chapitre 3 - Montant d'assurance primaire (PIA)

Maintenant que nous avons déterminé votre AIME, nous pouvons procéder au calcul de votre **sécurité sociale réelle . avantage** sera . Il s'agit de votre montant d'assurance primaire (PIA), qui correspond à votre prestation à votre âge de la retraite complète (FRA). (Dans le prochain chapitre, nous discuterons davantage de votre FRA). Comment faisons-nous cela? Facile...

Tout d'abord, comprenez que la sécurité sociale est un système très progressiste dans la mesure où elle profite beaucoup plus à ceux qui se situent sur l'échelle des revenus les plus faibles qu'à ceux qui ont des revenus plus élevés. L'intention de la sécurité sociale est:

« pour donner une certaine mesure de protection au citoyen moyen et à sa famille contre une vieillesse frappée par la pauvreté. Nous ne pourrons jamais assurer cent pour cent de la population contre cent pour cent des aléas et des vicissitudes de la vie, mais nous avons essayé d'élaborer une loi qui donnera une certaine mesure de protection au citoyen moyen et à sa famille contre la perte d'un bien. travail et contre la vieillesse frappée par la pauvreté. "- Le président Roosevelt lors de la signature de la loi sur la sécurité sociale

La sécurité sociale a été instituée pour sortir les gens de la pauvreté. Et c'est ainsi que votre PIA est calculée, comme une prestation très progressive destinée à vous sortir de la pauvreté. Ceux qui gagnent environ 1 000 dollars par mois recevront près de 90 % de ce revenu sous forme de prestations de sécurité sociale. Ceux qui gagnaient environ 3 500 dollars par mois verront environ 40 % de ce revenu remplacé par la sécurité sociale. Ceux qui gagnent 7 000 $ ou plus par mois verront remplacer environ 30 % de ce revenu.

Comme vous pouvez le constater, plus vous gagnez d'argent au cours de votre carrière professionnelle, moins la sécurité sociale remplacera en pourcentage de votre revenu gagné.

Voici la formule directement de la Sécurité Sociale :

Pour une personne qui devient éligible pour la première fois aux prestations d'assurance vieillesse ou d'assurance invalidité en 2019, ou qui décède en 2019 avant de devenir éligible aux prestations, son PIA sera la somme de : (a) 90 pour cent des premiers 926 $ de son salaire mensuel moyen indexé, plus

(b) 32 pour cent de ses gains mensuels indexés moyens au-dessus de 926 $ et jusqu'à 5 583 $, plus

(c) 15 pour cent de ses gains mensuels indexés moyens supérieurs à 5 583 $.

Le tableau 3 montre un exemple de la sécurité sociale :

Tableau 3

Cas	AIME	D'abord	Deuxième	Formule appliquée à l'AIME
UN	4 196 $	926 $	5 583 $	0,9 (926) + 0,32 (4 196 - 926) = 1 879,80 $
B	9 300 $	826 $	4 980 $	0,9(826) + 0,32(4980 - 826) + 0,15 (9 300 - 4 980) = 2 720,68 $

Si vous voulez voir exactement comment la Sécurité Sociale calcule la formule cliquez ici .

En anglais simple :

Les premiers 926 $ de votre AIME, vous recevrez 90 % de votre prestation de sécurité sociale.

Les 4 657 $ suivants, vous recevrez 32 % à titre de prestation.

Tout ce qui dépasse 5 583 $, vous recevrez 15 % à titre de prestation.

C'est ce qu'on appelle **des points de courbure** . Attention, les points de courbure changent un peu chaque année. Donc, si vous lisez ceci après 2019, vous devez cliquer sur le site Web ci-dessus pour voir quels sont les points de virage pour cette année spécifique.

En 2019, si votre AIME est de 4 000$ voici la formule :

Tableau 4

AIME	4 000 $		
1er point de courbure	926 $	0,9	833 $
2ème point de courbure	3 074 $	0,32	984 $
3ème point de courbure	0 $	0,15	0 $
PIA			1 817 $

Dans cet exemple, votre montant d'assurance primaire (PIA) est de 1 817 $. Encore une fois, il s'agit du montant que vous recevrez à votre ÂGE DE RETRAITE COMPLÈTE (FRA). Votre FRA sera soit de 66 et quelques mois, soit de 67 selon l'année de votre naissance. Né en 1960 ou après, votre FRA est de 67 ans.

Essayons un autre exemple. Cette fois, le travailleur a touché le salaire maximum de la Sécurité sociale tout au long de sa carrière professionnelle. Son AIME sera de 9 300 $. (Au cas où vous vous demanderiez comment j'ai obtenu cela, la Sécurité Sociale a déjà calculé cela pour nous ici. Mais rappelez-vous simplement que vous prenez vos 35 années de gains INDEXÉS LES PLUS ÉLEVÉES et les additionnez. Divisez ensuite par 420 et vous obtiendrez votre AIME. Revisitez le chapitre 2 pour connaître étape par étape.)

La formule des prestations de cette personne ressemblera à ceci :

Tableau 5

AIME	9 300 $		
1er point de courbure	926 $	0,9	833 $
2ème point de courbure	4 657 $	0,32	1 490 $
3ème point de	3 717 $	0,15	558 $

courbure			2 881 $
PIA			

Vous voyez que même si l'AIME de cette personne était plus du double de celui du tableau 4, sa prestation réelle n'est que de 58 % de plus. C'est la nature progressiste du système de sécurité sociale ; plus vous gagnez de revenus, MOINS de pourcentage de ce revenu que la sécurité sociale remplace à la retraite.

Je dois cependant souligner quelque chose. Le deuxième exemple est celui d'un travailleur qui a payé le montant MAXIMUM d'impôts au système de sécurité sociale et qui recevra le montant MAXIMUM de prestations. Cela date de 2019. Mais comprenez que la sécurité sociale est intrinsèquement un système politique. Les politiciens de tous bords proposent des changements importants à la sécurité sociale.

Je vous suggère fortement de vous tenir au courant des changements de règles. Car non seulement les montants utilisés par la Sécurité sociale s'ajustent chaque année à l'inflation, mais des changements structurels sont toujours proposés. Peu d'entre elles sont adoptées , mais cela ne veut pas dire qu'aucune ne le sera. Il est donc important de comprendre la dynamique en constante évolution du système.

Dans le chapitre suivant, nous verrons comment votre prestation réelle est calculée en fonction du moment où vous demandez des prestations.

Chapitre 4 - Quelle sera votre prestation de sécurité sociale

Dans les chapitres précédents nous avons calculé comment trouver votre AIME puis votre PIA. Ceux-ci sont d'une importance cruciale, ne vous méprenez pas, mais ni l'un ni l'autre ne vous dira quel sera votre bénéfice réel. Ceci est dû au fait le montant de vos prestations est basé sur votre âge auquel vous déposez votre demande de sécurité sociale.

Alors que nous sommes assis ici aujourd'hui, en 2019, vous pouvez bénéficier de votre prestation de RETRAITE de la Sécurité Sociale à tout âge entre 62 et 70 ans. (J'insiste sur la retraite car les prestations de conjoint et de survivant sont différentes). Plus vous percevez vos prestations tôt, moins vous recevez mensuellement.

N'oubliez pas que, comme nous l'avons évoqué dans le chapitre précédent, votre prestation est basée sur votre montant d'assurance primaire (PIA). Votre PIA est le montant que vous recevrez à votre âge de retraite à taux plein (FRA). Si vous êtes né en 1960 ou après, votre FRA est de 67 ans. Si vous êtes né en 1954, votre FRA est de 66 ans. Né en 1955, votre FRA est de 66 ans et 2 mois ; 1956 - 66 et 4 mois etc.

Tableau 6

Année de naissance *	Âge de la retraite à taux plein
1943 - 1954	66
1955	66 et 2 mois
1956	66 et 4 mois
1957	66 et 6 mois
1958	66 et 8 mois
1959	66 et 10 mois
1960 et après	67

Une fois que vous connaissez votre FRA et votre PIA, nous pouvons commencer à faire des calculs.

Disons que John est né en 1954 et qu'il a un PIA de 1 817 $. Jane est née en 1960 et son PIA est de 2 881 $. Nous savons que le FRA de John a 66 ans et que celui de Jane a 67 ans.

Si Jean touche ses prestations le plus tôt possible, c'est-à-dire encore une fois à 62 ans, ses prestations seront réduites de 25 % par rapport à son AIP. Il recevra 1 362,75 $ par mois. S'il attend jusqu'à 70 ans, sa prestation augmentera de 32 % au-dessus de son PIA pour atteindre 2 398,44 $.

Jean : Né en 1954		
Âge	Pourcentage de bénéfice	Montant de la prestation
62	0,75	1 363 $

Tableau 7

63	0,8	1 454 $
64	0,867	1 575 $
65	0,933	1 695 $
66	100	1 817 $
67	1.08	1 962 $
68	1.16	2 108 $
69	1.24	2 253 $
70	1.32	2 398 $

Comme vous pouvez le constater dans le tableau 7 ci-dessus, il existe une large gamme de montants de prestations, tous dépendants de l'année à laquelle Jean touche réellement ses prestations. La plupart des gens prennent leurs prestations tôt . En fait, plus d'un tiers perçoivent leurs prestations à 62 ans, ce qui signifie qu'ils subissent une réduction énorme et permanente du montant de leurs prestations mensuelles.

Environ les deux tiers des bénéficiaires ont demandé des prestations AVANT leur FRA!

Maintenant, permettez-moi de m'éloigner un instant. Je crois que de nombreux Américains calculent mal leur espérance de vie. Ils pensent qu'il a 78 ans. Ils estiment que s'ils ont 62 ans, il y a de fortes chances qu'ils ne vivront que 16 ans de plus et qu'ils pourraient donc tout aussi bien percevoir des prestations plus tôt. Le problème est que l'espérance de vie d'un Américain né AUJOURD'HUI est de 78 ans. Mais selon le PROPRE calculateur d'espérance de vie de la Social Security

Tableau 8

<u>Administration</u> un homme qui a eu 62 ans aujourd'hui a une espérance de vie comme indiqué ci-dessous :

À l'âge	Espérance de vie supplémentaire (en années)	Années totales estimées
62	21.6	83,6
66 et 6 mois	18.4	84,9
70	15.9	85,9

Une femme a une espérance de vie encore plus longue :

Tableau 9

À l'âge	Espérance de vie supplémentaire (en années)	Années totales estimées
62	24.3	86,3
66 et 6 mois	20,7	87,2
70	17.9	87,9

Si vous êtes un homme et que vous envisagez de bénéficier de la sécurité sociale à 62 ans parce que vous pensez que votre espérance de vie est de 78 ans, il vous manque presque 6 ans de ce que pense la sécurité sociale, et c'est sur quoi elle base votre paiement. Si vous êtes une femme, la Sécurité sociale pense que vous resterez là jusqu'à la fin de 80 ans. Alors, réfléchissez longuement avant de déposer une demande à 62 ans et d'accepter une réduction permanente.

Tournons maintenant notre attention vers le bénéfice de Jane. Jane est née en 1960, son FRA est donc de 67 ans. Elle a également bénéficié du maximum de prestations de sécurité sociale. Le tableau 10 ci-dessous indique le montant de ses prestations en fonction de l'année où elle dépose sa demande.

Tableau 10

Jeanne : Née en 1960		
Âge	**Pourcentage de bénéfice**	**Montant de la prestation**

Tableau 9

62	0,7	2 017 $
63	0,75	2 161 $
64	0,8	2 305 $
65	0,867	2 498 $
66	0,933	2 688 $
67	100	2 881 $
68	1.08	3 111 $

69	1.16	3 342 $
70	1.24	3 572 $

Encore une fois, comme pour John, il existe un écart ÉNORME dans la prestation réelle que Jane recevra en fonction du moment où elle décide de déposer une demande. Déposez votre demande tôt et recevez un peu plus de 24 000 $ par an. Déposez votre dossier auprès de la FRA, obtenez environ 35 000 $ par an. Dossier retardé, elle recevra plus de 42 000 $ par an.

tableaux d'espérance de vie de la Sécurité Sociale, nous pouvons calculer exactement combien l'Administration de la Sécurité Sociale s'attend à ce que Jane reçoive :

> Déposez votre dossier à 62 ans, elle recevra 24 000 $ par an pendant 24 ans
>
> Déposer à 67 ans (FRA), elle recevra 35 000 $ par an pendant 21 ans Déposer à 70 ans, elle recevra 42 000 $ par an pendant 18 ans

Ainsi,

Dans le scénario 1, elle reçoit 576 000 $ de prestations totales (non ajustées en fonction de l'inflation).)

Dans le scénario 2, elle reçoit 735 000 $

Dans le scénario 3, elle reçoit 756 000 $

Comme vous pouvez le constater, si elle dépose sa demande à 62 ans, elle perdra près de 180 000 $ de prestations au total au cours de sa vie ! La situation est encore pire lorsque l'on tient compte de l'inflation. Ajustement à l'inflation, comme le rapportent les administrateurs de la sécurité sociale prévoit que 2,6 % par an, le montant de ses prestations ressemblera à ceci :

Déposez votre dossier à 62 ans, elle reçoit 837 547 $ (ajustés en fonction de l'inflation)

Dossier à 67 ans, elle reçoit 1 079 909 $ Dossier à 70 ans, elle reçoit 1 272 433 $

Maintenant, nous parlons d'argent RÉEL. Si elle dépose sa déclaration tôt et atteint l'espérance de vie de l'année au cours de laquelle elle dépose sa déclaration, elle laissera sur la table 435 000 $ ajustés en fonction de l'inflation ! Difficile à imaginer ⅔ de la population bénéficieraient d'une prestation réduite s'ils comprenaient vraiment comment fonctionne la sécurité sociale.

Comment ai-je eu ça ? Laisse moi te montrer…

Tableau 11

Prestation annuelle de sécurité sociale en fonction de l'âge déposé							
Âge	62	67	70	Âge	62	67	70
62	**24 204 $**	34 572 $	42 864 $	77	35 571 $	50 808 $	62 995 $
63	24 833 $	35 471 $	43 978 $	78	36 496 $	52 129 $	64 632 $
64	25 479 $	36 393 $	45 122 $	79	37 445 $	53 485 $	66 313 $
65	26 141 $	37 339 $	46 295 $	80	38 418 $	54 875 $	68 037 $
66	26 821 $	38 310 $	47 499 $	81	39 417 $	56 302 $	69 806 $
67	27 518 $	**39 306 $**	48 734 $	82	40 442 $	57 766 $	71 621 $
68	28 234 $	40 328 $	50 001 $	83	41 494 $	59 268 $	73 483 $
69	28 968 $	41 377 $	51 301 $	84	42 572 $	60 809 $	75 394 $
70	29 721 $	42 453 $	**52 635 $**	85	43 679 $	62 390 $	77 354 $
71	30 494 $	43 556 $	54 003 $	86	44 815 $	64 012 $	79 365 $
72	31 287 $	44 689 $	55 407 $	87	45 980 $	65 676 $	81 429 $
73	32 100 $	45 851 $	56 848 $	88	47 176 $	67 384 $	83 546 $
74	32 935 $	47 043 $	58 326 $	89	48 402 $	69 136 $	85 718 $
75	33 791 $	48 266 $	59 842 $	90	49 661 $	70 933 $	87 947 $

Ce que montre le tableau 11, ce sont les prestations annuelles ajustées à l'INFLATION que Jane recevra au cours de sa vie. Notez les montants en gras. Ce sont les montants ajustés en fonction de l'inflation qu'elle recevra lorsqu'elle déposera sa demande à 62, 67 et 70 ans. Les montants rouges représentent son espérance de vie pour l'année où elle dépose sa demande.

Laissez-moi vous expliquer comment cela fonctionne. Lorsque Jane atteint l'âge de 62 ans, elle consulte sa déclaration de sécurité sociale. Le tableau 10 nous montre quelle sera sa prestation selon l'année de sa déclaration. Déposez votre demande à 62 ans et sa prestation sera réduite de son PIA de 2 881 $ à 2 017 $. Mais si elle attend jusqu'à 67 ans pour déposer sa demande, sa prestation sera égale à son PIA (2 881 $), mais elle aura également augmenté avec l'inflation pendant les cinq années pendant lesquelles elle a attendu pour déposer sa demande !

Ainsi, au lieu d'un bénéfice de 2 881 $ par mois, il sera en réalité de 3 257 $ (en supposant un COLA de 2,6 %), soit une augmentation de 376 $ par mois. N'oubliez pas que si elle prenait ses prestations à 62 ans et recevait initialement 2 017 $ par mois, cette prestation serait également passée à 2 293 $ par mois, soit une augmentation de 276 $.

Les ajustements au coût de la vie ont mis 100 $ de plus par mois dans la poche de Jane en attendant que la FRA dépose son dossier que si elle le faisait à 62 ans, même s'il s'agit exactement du même pourcentage d'augmentation. Cela est dû au simple fait qu'un montant de 2,6 % augmente davantage, en dollars réels, sur un montant plus élevé qu'un montant plus petit.

En fait, si l'on considère les ajustements à l'inflation, si Jane devait attendre jusqu'à 70 ans, ce qui était une prestation initiale de 3 572 $ par mois passerait à 4 386 $ avec l'inflation, soit une augmentation de 814 $!

Au fil des années, ces ajustements à l'inflation deviennent de plus en plus importants, au point qu'à 86 ans, Jane recevrait 34 550 $ DE PLUS en prestations, cette année-là seulement, en ayant déposé une demande à 70 ans que si elle l'avait fait à 62 ans.

Tableau 12

	Âge au moment de bénéficier de la sécurité sociale		
	62	**67**	**70**
Mourir à Life Exp.	837 547 $	1 079 909 $	**1 272 433 $**
Mourir à 70 ans	**241 920 $**	163 464 $	0 $
Mourir à 77 ans	472 768 $	**493 197 $**	461 454 $
Mourir à 80 ans	585 127 $	653 686 $	**660 436 $**
Mourir à 90 ans	1 028 766 $	1 287 362 $	**1 446,09 $** 7

Le tableau 12 nous montre ce à quoi Jane pourrait s'attendre de divers scénarios de déclaration, en supposant encore une fois un ajustement au coût de la vie de 2,6 %.

Si Jane espère survivre au-delà de 77 ans, elle devrait CERTAINEMENT attendre de bénéficier de la sécurité sociale au moins jusqu'à son âge de retraite à taux plein. Mais la plupart des gens ne le calculent pas ainsi. Ils calculent leur espérance de vie comme si elle était de 78 ans et ne tiennent même pas compte de l'inflation.

donc leurs prestations comme ceci (sans ajustement en fonction de l'inflation) :

Déposez votre dossier à 62 ans et obtenez 24 000 $ par an pendant 16 ans = 384 000 $

Déposez votre dossier à 66 ans et obtenez 35 000 $ par an pendant 12 ans = 420 000 $

Déposez votre dossier à 70 ans et obtenez 42 000 $ par an

pendant 8 ans = 336 000 $. C'est tout simplement faux.

Je ne peux pas vous dire que j'ai souvent été « mis au défi » par des gens qui ne comprenaient pas comment fonctionne l'espérance de vie. Ils taperont « Quelle est l'espérance de vie aux États-Unis » dans Google et verront le résultat :

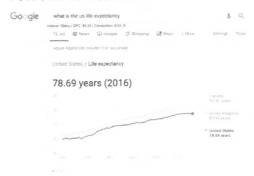

*« Selon les dernières données disponibles, **un bébé né en 2016*** Le problème

c'est qu'ils ne lisent pas les petits caractères :

aux

États-Unis, on peut s'attendre à vivre en moyenne 78,6 ans (c'est moi qui souligne). »

Si vous lisez ceci, votre espérance de vie n'est PAS de 78 ans ! (j'ai une vidéo à ce sujet ici .)

Mais même avec cette connaissance, les gens continueront à dire des choses comme ceci : « Et si je meurs demain ? Je n'aurais rien reçu ! Autant prendre maintenant pour être sûr d'avoir quelque chose.

« La sécurité sociale est en faillite… Je ferais mieux de l'obtenir tant que je peux. »

"Mieux vaut l'obtenir maintenant, car de toute façon, ils vont réduire les prestations." « Très bientôt, PERSONNE ne bénéficiera de la sécurité sociale. Mieux vaut l'avoir pendant qu'il est là.

« J'ai connu des gens qui sont décédés AVANT de bénéficier d'une quelconque sécurité sociale. Pas question que ça m'arrive… »

Je ne suis pas du genre à vous reprocher d'avoir perçu vos prestations de sécurité sociale plus tôt... SI vous le faites en vous basant sur des calculs appropriés. Il existe de nombreuses raisons de percevoir vos prestations plus tôt. Mais assurez-vous que si vous le prenez tôt, c'est pour les bonnes raisons basées sur des mathématiques solides.

Chapitre 5 - Déclaration de sécurité sociale réelle de Julie

Laissez-moi vous présenter « Julie ». Julie a 60 ans et est en fait une de mes clientes qui m'a donné la permission d'utiliser ses informations. Évidemment, Julie n'est pas son vrai nom.

La toute première page de sa plus récente déclaration de sécurité sociale en GRANDE POLICE proclame qu'elle gagnera 1 916 $ par mois à l'âge de la retraite à taux plein.

La page suivante nous donne ses estimations de bénéfices.

À votre taux de rémunération actuel, si vous continuez à travailler jusqu'à :
Votre FRA, votre paiement sera d'environ……………….....1 916 $/mois
70 ans, votre paiement sera d'environ……………… …. 2 513$/mois
62 ans, votre paiement sera d'environ.. …………….....1 282 $/mois

Julie travaille jusqu'à 70 ans et gagne 2 513 $ par mois. Elle arrête de travailler à 62 ans et ses prestations sont réduites à 1 282 $ par mois.

Assez explicite, non ? Bien sûr que non! Quelles sont les hypothèses de la Sécurité sociale pour arriver à ces chiffres ? C'est extrêmement important à comprendre. Nous devons donc approfondir la déclaration pour lire :

(Nous) avons estimé le montant de vos prestations en utilisant vos gains moyens au cours de votre vie active. Pour 2019 et les années suivantes (jusqu'à l'âge de la retraite), nous avons supposé que vous continuerez à travailler et à gagner à peu près le même salaire qu'en 2017 ou 2018. .

Nous avons basé vos estimations de bénéfices sur ces faits :
Votre date de naissance………………………………… ….. 1958
Votre revenu imposable estimé par année après 2019… 51 750 $
Votre numéro de sécurité sociale (sur les 4 derniers affichés)………….XXXX

Notez que l'Administration de la sécurité sociale suppose que Julie continue de travailler jusqu'à l'âge de 66 et 8 mois, ce qui correspond à l'âge de sa retraite à taux plein. La SSA suppose également qu'elle gagnera 51 750 $ chaque année jusqu'à ce qu'elle atteigne son FRA, qui correspond au montant qu'elle a gagné au cours des deux années précédentes.

S'il vous plaît, comprenez, et je ne peux pas le dire avec assez de force, *le* **SSA suppose qu'elle continuera à travailler et à gagner le même revenu jusqu'à l'âge de sa retraite complète !**

Et si elle ne veut pas travailler pendant encore 6 ans ? Comment cela affectera-t-il son bénéfice ? Et si elle obtenait une promotion et gagnait le double de ce qu'elle gagne actuellement ? Comment cela affectera-t-il son bénéfice ?

Il y a tellement de variables que vous ne pouvez pas simplement consulter votre relevé de sécurité sociale et faire une hypothèse sur vos prestations jusqu'à ce que vous ayez réellement analysé les chiffres vous-même.

Par exemple, dans mon dernier emploi, je gagnais beaucoup d'argent, en fait plus que le plafond imposable de la Sécurité sociale. Lorsque j'ai téléchargé mon relevé en 2018, il était basé sur mes revenus de 2017 et prévoyait que je gagnerais les mêmes revenus jusqu'à mon âge de retraite à taux plein en 2037.

Avec ces hypothèses, le SSA a prévu que mes prestations seraient d'environ 2 900 $ en dollars d'aujourd'hui, c'est-à-dire non corrigées de l'inflation.

Mais en 2018, je suis devenu indépendant et je n'ai pas gagné beaucoup d'argent. Les impôts que j'ai payés à la sécurité sociale cette année-là étaient minimes. En 2019, la Sécurité sociale a recalculé ma prestation en fonction de mes revenus de 2018. Il est tombé à 2 200 $ par mois parce qu'ils pensaient désormais que je gagnerais le même revenu qu'en 2018 jusqu'en 2037.

Cela représente une remise de 700 $ par mois. Bien que cela représente beaucoup d'argent, ce n'était pas PRESQUE la réduction drastique que je pensais. Cela m'a vraiment changé d'avis quant à ma vision de la sécurité sociale et de la planification de la retraite.

Si j'étais resté dans mon ancien travail merdique pendant encore deux décennies, je n'aurais ajouté que 700 $ de plus par mois à mes prestations de sécurité sociale. Les longues heures de travail, les déplacements, la politique des entreprises, tout cela pour 700 $ de plus par mois, 20 ans plus tard. Non merci.

Maintenant, les gens me disent tout le temps : « ouais, mais Josh, si tu restais dans ton emploi, tu serais en mesure d'investir plus d'argent dans ton plan de retraite et d'avoir un niveau de vie plus élevé à la retraite.

C'est vrai et faux. C'est vrai que j'aurais effectivement pu économiser plus d'argent sur mon 401k. Mais mon niveau de vie actuel signifie aussi quelque chose. Et sans mes déplacements domicile-travail, mes longues heures de bureau, mes voyages, etc., mon niveau de vie depuis que j'ai arrêté a augmenté de façon exponentielle.

Dans le prochain chapitre, nous allons exécuter quelques calculs pour Julie afin que vous puissiez voir EXACTEMENT comment tout cela fonctionne et, nous l'espérons, vous donnerons les connaissances nécessaires pour exécuter vos propres calculs.

Chapitre 6 - Comment est calculée la prestation de sécurité sociale de Julie

Même si l'administration de la sécurité sociale a la gentillesse de montrer à Julie ses prestations aux pages 1 et 2 de son relevé annuel (voir chapitre précédent), elle ne nous dit pas comment elles y sont réellement parvenues.

Alors laissez-moi vous montrer.

d'abord connaître l'année de naissance de Julie (1958). Ensuite, nous allons à ceci page sur SSA.gov pour obtenir les facteurs d'indexation.

Ensuite, tout comme je l'ai fait dans le tableau 2, chapitre 2, nous créons une feuille de calcul. Prenez les facteurs d'indexation et l'historique des revenus de la page 3 du relevé de sécurité sociale, et cela ressemblera au tableau 13 ci-dessous.

REMARQUE : Dans votre feuille de calcul, vous souhaiterez saisir les chiffres que le SSA vous donne exactement comme indiqué. Ne changez rien à ce qu'ils vous ont fourni.

Tableau 13

Année	Montant	Facteur d'indice	Adj. Montant	Année	Montant	Facteur d'indice	Adj. Montant
1977	3 331 $	5.2962286	17 642 $	2001	51 394 $	1.5732421	80 855 $
1978	7 341 $	4.9065937	36 019 $	2002	44 122 $	1.5576209	68 725 $
1979	8 618 $	4.5118978	38 884 $	2003	49 598 $	1.5204528	75 411 $
1980	10 518 $	4.139075	43 535 $	2004	44 578 $	1.4529104	64 768 $
1981	9 573 $	3.7605296	36 000 $	2005	47 238 $	1.4016246	66 210 $
1982	6 122 $	3.5643065	21 821 $	2006	53 361 $	1.3400326	71 505 $
1983	12 570 $	3.3987358	42 722 $	2007	49 548 $	1.2818595	63 514 $
1984	0 $	3.2100357	0 $	2008	57 656 $	1.2530347	72 245 $
1985	0 $	3.0788598	0 $	2009	67 365 $	1.2722206	85 703 $

Record de gains de Julie

1986	10 525 $	**2.9901102**	31 471 $	**2010**	63 534 $	**1.2428459**	78 963 $
1987	8 626 $	**2.8108497**	24 246 $	**2011**	31 585 $	**1.2050866**	38 063 $
1988	10 174 $	**2.6789098**	27 255 $	**2012**	27 307 $	**1.1685965**	31 911 $
1989	1 229 $	**2.5768811**	3 167 $	**2013**	44 044 $	**1.1538488**	50 820 $
1990	1 085 $	**2.4631063**	2 672 $	**2014**	53 563 $	**1.1142955**	59 685 $
1991	0 $	**2.3746149**	0 $	**2015**	0 $	**1.0768321**	0 $
1992	0 $	**2.2582604**	0 $	**2016**	54 000 $	**1.0647998**	57 499 $
1993	929 $	**2.2390044**	2 080 $	**2017**	51 750 $	**1.0292569**	53 264 $
1994	5 821 $	**2.1804822**	12 693 $	**2018**	51 750 $	**1**	51 750 $
1995	8 839 $	**2.0964487**	18 531 $	**2019**	51 750 $	**1**	51 750 $
1996	7 788 $	**1.9987015**	15 566 $	**2020**	51 750 $	**1**	51 750 $
1997	10 307 $	**1.8885054**	19 465 $	**2021**	51 750 $	**1**	51 750 $
1998	12 004 $	**1.7945795**	21 542 $	**2022**	51 750 $	**1**	51 750 $
1999	38 521 $	**1.6998498**	65 480 $	**2023**	51 750 $	**1**	51 750 $
2000	51 692 $	**1.6107741**	83 264 $	**2024**	51 750 $	**1**	51 750 $

Il se passe beaucoup de choses dans ce tableau, alors laissez-moi vous expliquer. La raison pour laquelle nous avons certains chiffres en rouge est que nous devons identifier les **35 premières** années de gains INDEXÉS de Julie afin de calculer son AIME.

Maintenant, additionnez ces 35 meilleures années. Cela équivaut à 1 853 630 $. Divisez ce montant par 420 et nous obtenons un AIME de 4 413 $. (La raison pour laquelle nous divisons par 420 est qu'il s'agit du nombre de mois sur une période de travail de 35 ans .)

Multipliez les premiers 926 $ de l'AIME de Julie par 90 % pour obtenir 833 $. Multipliez ensuite son AIME restant (3 487 $) par 32 % pour obtenir 1 158 $. Ajoutez 1 158 $ et 833 $ et vous obtenez le PIA de Julie de 1 949 $, ce qui correspond presque exactement à ce que la Social Security Administration a déclaré qu'il serait si Julie continuait à travailler jusqu'à l'âge de la retraite complète. Simple, non ? :)

Tableau 14

Total indexé Gains			1 853 630 $
AIME			4 413 $
Points de courbure			
1er	0-926 $	*.90	833 $
2ème	5 583 $ à 926 $	*.32	1 158 $
3ème	>5 583 $	*.15	0 $
PIA			1 949 $

Et si elle arrêtait de travailler maintenant ? Dans ce cas, les 6 années supplémentaires de sécurité sociale en supposant qu'elle travaillera, avec un revenu de 51 750 $ de 2019 à 2024, n'auront pas lieu. La sécurité sociale remplacera alors ces années par 6 années de revenus nettement inférieurs, une année ne coûtait que 3 167 $, en fait ! Cela entraînera une ÉNORME réduction de sa sécurité sociale , n'est-ce pas ?

Voyons voir. Dans le tableau 15, à la fin du chapitre, nous avons remplacé les années 2019-2024 du tableau 13 par les années 1977, 1989 et 1994-1997. Finalement, en ne travaillant plus après 2018, Julie a remplacé 310 500 $ de gains futurs par 87 064 $ de revenus futurs. ses gains passés.

Comment cela affectera-t-il ses prestations de sécurité sociale ? Le tableau 16 nous le montre.

Ce que nous constatons, c'est que si Julie cesse de travailler maintenant et ne gagne AUCUN revenu, ses prestations à la FRA passeront de 1 916 $ par mois à 1 782 $ par mois. Ces 6 années de travail supplémentaires, qui rapportent 51 750 $ par an, n'augmenteront ses prestations que d'environ 134 $ par mois, soit 1 608 $ par an.

Je vous laisse décider si cela en vaut la peine ou non. Mais rappelez-vous que cela représente 6 années supplémentaires de travail dans un certain type d'emploi. Peut-être que vous occupez un travail que vous aimez ou qui ne vous dérange pas. Mais que se passe-t-il si c'est un problème que vous ne supportez pas ? Est-ce que cela vaut la peine d'y rester, misérable, pour 134 $ de plus par mois à la retraite ?

Pensez-y comme ceci : vous travaillez 12 480 heures supplémentaires au cours de ces 6 années pour gagner 1 608 $ supplémentaires par an. Dans une semaine de travail de 40 heures, vous travaillez 2 080 heures par an. Donc 2 080 fois 6 ans = 12 480 heures, ce qui n'inclut d'ailleurs pas le temps de trajet.

Si vous êtes malheureux au travail, je parie qu'il existe une meilleure façon d'utiliser ces 12 480 heures pour trouver une activité que vous aimez et qui vous rapportera bien plus que ces 1 608 $ supplémentaires par an.

Maintenant, une autre chose que je veux souligner. Le SSA n'indexe PAS vos revenus une fois que vous atteignez l'âge de 60 ans. Notez dans le tableau 13 qu'à partir de 2018 et au-delà, le facteur d'indexation est de 1. Une fois que vous atteignez 60 ans, ils augmentent simplement vos revenus avec l'ajustement du coût de la vie.

Ainsi, même si vous PENSEZ que vous gagnez beaucoup d'argent maintenant par rapport à vos premières années de travail, vous devez tenir compte du facteur d'indexation. Du point de vue de la sécurité sociale , les 38 000 $ que Julie a gagnés en 1999 valent BEAUCOUP plus que les 51 750 $ qu'elle pourrait gagner cette année, comme le montrent les tableaux 13 et 15.

Tableau 15

Record de gains de Julie							
Anné e	Montant	Facteur d'indice	Adj. Montant	Anné e	Montant	Facteur d'indice	Adj. Montant
1977	3 331 $	5.2962286	17 642 $	1998	12 004 $	1.7945795	21 542 $
1978	7 341 $	4.9065937	36 019 $	1999	38 521 $	1.6998498	65 480 $
1979	8 618 $	4.5118978	38 884 $	2000	51 692 $	1.6107741	83 264 $
1980	10 518 $	4.139075	43 535 $	2001	51 394 $	1.5732421	80 855 $
1981	9 573 $	3.7605296	36 000 $	2002	44 122 $	1.5576209	68 725 $
1982	6 122 $	3.5643065	21 821 $	2003	49 598 $	1.5204528	75 411 $
1983	12 570 $	3.3987358	42 722 $	2004	44 578 $	1.4529104	64 768 $
1984	0 $	3.2100357	0 $	2005	47 238 $	1.4016246	66 210 $
1985	0 $	3.0788598	0 $	2006	53 361 $	1.3400326	71 505 $
1986	10 525 $	2.9901102	31 471 $	2007	49 548 $	1.2818595	63 514 $
1987	8 626 $	2.8108497	24 246 $	2008	57 656 $	1.2530347	72 245 $
1988	10 174 $	2.6789098	27 255 $	2009	67 365 $	1.2722206	85 703 $
1989	1 229 $	2.5768811	3 167 $	2010	63 534 $	1.2428459	78 963 $
1990	1 085 $	2.4631063	2 672 $	2011	31 585 $	1.2050866	38 063 $
1991	0 $	2.3746149	0 $	2012	27 307 $	1.1685965	31 911 $
1992	0 $	2.2582604	0 $	2013	44 044 $	1.1538488	50 820 $
1993	929 $	2.2390044	2 080 $	2014	53 563	1.114295	59 685 $

					$	5	
1994	5 821 $	2.1804822	12 693 $	2015	0 $	1.0768321	0 $
1995	8 839 $	2.0964487	18 531 $	2016	54 000 $	1.0647998	57 499 $
1996	7 788 $	1.9987015	15 566 $	2017	51 750 $	1.0292569	53 264 $
1997	10 307 $	1.8885054	19 465 $	2018	51 750 $	1	51 750 $

Tableau 16

Total indexé Gains	1 634 451 $		
AIME			3 892 $
Points de courbure			
1er	0-926 $	* .90	833 $
2ème	5 583 $ à 926 $	*.32	949 $
3ème	>5 583 $	*.15	0 $
PIA			1 782 $

Chapitre 7 – Julie reçoit une énorme augmentation, comment cela affectera-t-il sa sécurité sociale ?

Supposons que Julie lise ce livre. Elle voit qu'elle ne touchera que 1 608 $ de plus par an en prestations de sécurité sociale en travaillant 6 ans de plus, alors elle décide de quitter son ancien emploi pourri. Elle entre dans le bureau de son patron et dit : « Je m'en vais, FOOL ! » Cela fait longtemps qu'elle veut le traiter de FOOL et elle ne peut tout simplement pas s'en empêcher.

Le patron est totalement interloqué. Non pas parce qu'on le traite d'imbécile, mais plutôt parce que Julie est l'une de ses meilleures employées. Que va-t-il faire si elle est partie ? Les choses vont s'effondrer. Il n'a même jamais su qu'elle n'était pas heureuse. Elle ne s'est jamais plainte, n'a jamais demandé d'augmentation, a toujours été une travailleuse fiable. "Oh, s'ils pouvaient TOUS être comme elle", pensa-t-il. (Bien sûr, il ne lui est jamais venu à l'esprit de s'occuper de Julie pour commencer. Les patrons... pas les couteaux les plus tranchants sont-ils dans le tiroir ?)

«Mais Julie», dit-il, très inquiet. « Je ne peux pas te perdre. Nous avons besoin de vous ici !

«J'aurais dû y penser il y a bien des lunes, patron. J'ai attendu mon heure. Julie répond.

« Que diriez-vous d'une augmentation ? Un gros? Je vais même DOUBLER votre argent ! »

Julie n'est pas une idiote cependant et elle répond : « Qu'est-ce que c'est ??? Pourquoi attendez-vous que j'arrête avant de m'offrir une énorme augmentation ?

Le patron, désormais désespéré, déclare : « Je ne savais pas que vous n'étiez pas satisfait. Après tout, tu n'as jamais rien dit.

"Pourquoi devrais-je dire quelque chose?" Rétorque Julie, quelque peu en colère. "Je m'attendais à ce que VOUS preniez soin de moi et maintenant je découvre que j'ai toujours été un imbécile !"

Elle commence à sortir. Mais il se retourne et dit : « Double mon salaire, hein ?

"Oui! Je te le promets, Julie. C'est dire à quel point vous êtes important pour cette entreprise », répond docilement le patron.

"Laisse-moi y réfléchir." Et sur ce, Julie est dehors. Elle revient à ce livre, oui, à ce livre que vous lisez actuellement, et commence à faire des calculs. À quoi ressemblera sa prestation de sécurité sociale si elle continue à travailler encore 6 ans avec un doublement de ses revenus ?

Tableau 17

Total indexé Gains			2 168 388 $
AIME			**5 163 $**
Points de courbure			
1er	0-926 $	* .90	833 $
2ème	5 583 $ à 926 $	*.32	1 356 $
3ème	>5 583 $	*.15	0 $
PIA			**2 189 $**

Ce que nous avons fait dans le tableau 17, c'est remplacer les années les plus basses de ses gains indexés par 103 500 $, ce qui correspond au salaire qu'elle gagnera pour la prochaine année.

6 ans. Notez que son PIA s'élève désormais à 2 189 $, soit une augmentation de 407 $ par mois ou de 4 884 $ par an à l'âge de la retraite à taux plein par rapport à ses prestations à 62 ans.

Encore une fois, la question à laquelle Julie doit répondre : est-ce que cela vaut la peine de travailler ces 12 480 heures supplémentaires afin d'augmenter sa prestation annuelle de sécurité sociale d'environ 5 000 $ par an ? Peut-être devrions-nous reformuler la question. Dans 6 ans, serez-vous heureux d'être resté à votre emploi afin d'avoir gagné 5 000 $ de plus par an en prestations de sécurité sociale ?

Oui, je comprends, il y a d'AUTRES avantages à rester dans votre emploi. Vous pouvez continuer à investir davantage dans votre plan de retraite. Si vous travaillez, vous n'avez pas besoin de retirer de l'argent de votre plan de retraite pour joindre les deux bouts. Qu'en est-il des soins de santé ? Et enfin, celui que j'aime le plus, disent les experts, nous devons travailler jusqu'à notre mort, sinon nous allons manquer d'argent à la retraite. "Tout le monde le sait, Josh!"

Dans le prochain chapitre, nous aborderons ces préoccupations concernant la retraite trop précoce. Je les entends TOUT LE TEMPS. Triste, en fait. Mais la question de la retraite est ancrée dans nos têtes. Et je vais vous montrer maintenant pourquoi tout cela n'a aucun sens.

Chapitre 8 – De quel revenu aurez-vous réellement besoin à la retraite ?

Voici un petit quiz pour vous. Selon vous, quel est le revenu MÉDIAN des ménages aux États-Unis aujourd'hui (2019) ?

> 30 000 $
> 60 000 $
> 100 000 $
> 125 000 $

Avant de répondre à cela, laissez-moi vous demander quel est VOTRE revenu cette année ?

> 30 000 $
> 60 000 $
> 100 000 $
> 125 000 $

La réponse à la première question est d'environ 60 000 $. Cela signifie que la moitié des ménages aux États-Unis gagnent PLUS de 60 000 dollars et l'autre moitié, MOINS. J'imagine que la grande majorité d'entre vous qui lisez ce livre gagnent entre 40 000 et 80 000 dollars par an en revenu familial. Et je parie que la grande majorité d'entre vous devra prendre sa retraite avec un montant similaire. C'est sur cela que nous allons nous concentrer à l'avenir : comment un ménage américain typique peut prendre sa retraite avec ce niveau de revenu.

Supposons maintenant que les ménages américains typiques aient gagné le montant médian, ajusté à l'inflation, pendant toute leur vie professionnelle. Supposons également qu'ils soient mariés, car plus de personnes dans la soixantaine sont mariées que non. Difficile d'imaginer qu'ils auront besoin de bien plus de 60 000 $ par an une fois à la retraite, non ? Après tout, ils ont vécu avec BEAUCOUP moins de 60 000 $ au cours de leur carrière professionnelle.

En fait, après l'impôt sur le revenu, le FICA et toute contribution à leurs régimes de retraite, ils vivent avec environ 43 000 $ par an ! Comment puis-je obtenir ça ?

En utilisant l'outil fiscal que vous pouvez trouver ici , nous avons un couple marié de moins de 65 ans qui gagne 60 000 $ par an tout en travaillant. Leur charge fiscale, y compris la FICA, est de :
Fédéral ..... 8 464 $ État........ 2 741 $

Taxe totale... 11 205 $

Ils versent 18,67% de leurs revenus bruts aux impôts ! Disons qu'ils ont également 401 000 contributions, nous utiliserons 10 %. Après ces cotisations, leur revenu net a encore diminué d'environ 6 000 $. Ainsi, leur revenu BRUT de 60 000 $ leur fournit 43 000 $ d'argent de poche réel.

Maintenant, nous n'aborderons pas non plus toutes les autres dépenses liées au travail. Les déplacements domicile-travail, l'entretien de la voiture, le nettoyage à sec, les déjeuners, etc. Mais ces choses coûtent de l'argent qui sera éliminé une fois que vous ne travaillerez plus. Pour cette illustration, nous dirons simplement que 60 000 $ BRUT entraînent un revenu NET de 43 000 $. Cela a du sens ?

Dans le prochain chapitre, nous reviendrons sur le montant que la sécurité sociale paiera pour un ménage qui gagne le revenu médian depuis 35 ans.

Chapitre 9 – Quel montant de sécurité sociale le travailleur au revenu médian recevra-t-il ?

Si vous aviez gagné le revenu médian tout au long de votre carrière professionnelle, à combien s'élèverait votre prestation de sécurité sociale ? Dans ce chapitre, nous allons calculer cela.

Le revenu médian des ménages aux États-Unis en 2019 est de 60 000 $. Un ménage qui gagnait 30 000 $ en 1995 équivaut à 60 000 $ aujourd'hui. S'ils gagnaient le revenu médian en 1985, il équivaut AUSSI à 60 000 $ aujourd'hui. J'espère que cela a du sens car c'est extrêmement important. Si vous avez du mal à suivre, veuillez revenir au chapitre 2 où je montre comment fonctionnent les facteurs d'indexation dans la planification de la sécurité sociale.

Dans cet exemple, ce ménage a gagné l'équivalent de 60 000 $ chaque année pendant les 35 années utilisées pour déterminer ses prestations de sécurité sociale.

Ensuite, nous devons calculer leurs gains totaux indexés. Nous faisons cela en multipliant les 60 000 $ chaque année par les 35 années de travail pour obtenir 2 100 000 $.

Divisez maintenant par 420 pour obtenir leurs gains mensuels indexés moyens, leur AIME. (2 100 000 $/42 = 5 000 $).

Enfin, nous calculons leur montant d'assurance primaire (PIA). À l'âge de la retraite à taux plein, ce ménage disposera de 2 137,08 $ de revenus mensuels de sécurité sociale, soit 25 644 $ par an. Le tableau 18 nous montre comment calculer le bénéfice réel pour ce ménage médian à la FRA.

Tableau 18

AIME			5 000 $
Points de courbure			
1er	0-926$	*.90	833,4 $
2ème	5 583 $ à	*.32	1 303,68 $

	926 $		
3ème	>$,5583	*.15	0
PIA			**2137,08 $**

« Mais Josh, tu as dit que nous pouvions prendre notre retraite grâce à la sécurité sociale ! Dans votre exemple, la Sécurité Sociale ne remplace que 43% de nos revenus avant impôts ! Ce qui donne???"

Oh, ne vous inquiétez pas, mes amis qui doutent. Voici le marteau.

Premièrement, vous ne devriez pas vous soucier du taux de remplacement de votre revenu AVANT IMPÔT. Cela n'a aucun sens. Vous ne viviez pas de votre revenu AVANT IMPÔT pendant que vous travailliez, nous n'avons donc pas besoin de remplacer ce montant à la retraite. 25 644 $ remplace en réalité 59,6 % de votre revenu NET. Pas trop mal, pour commencer. Mais ça va mieux.

Deuxièmemeent, il s'agit d'un couple marié. Nous avons donc deux options supplémentaires à considérer ; y avait-il deux travailleurs dans le ménage ou un seul ?

Tout d'abord, supposons que le mari et la femme travaillent et que chacun gagne 30 000 $ de revenus indexés chaque année. N'oubliez pas que notre revenu familial total est de 60 000 $. Ainsi, dans cet exemple, nous le divisons en deux travailleurs, chaque travailleur dispose alors d'un AIME de 2 500 $. (30 000 $ multipliés par 35 ans nous donnent un revenu total indexé de 1 050 000 $. Divisez cela par 420 et nous obtenons un AIME de 2 500 $.)

Le tableau 19 montre quel serait le PIA d'une personne avec un AIME de 2 500 $:

Tableau 19

AIME			2 500 $
Points de courbure			
1er	0-926$	*.90	833.4

2ème	**5 583 $ à 926 $**	***.32**	503.68
3ème	**>5 583 $**	***.15**	0
PIA			**1 337,08**

Un PIA de 1 337,08 $ équivaut à une prestation annuelle de sécurité sociale de 16 045 $ à la FRA. Mais rappelez-vous que les deux conjoints avaient ce montant, nous devons donc le doubler. Le revenu total de leur ménage en matière de sécurité sociale est de 32 089 $.

32 089 $ remplace 74,6 % du revenu NET que ce ménage avait pendant qu'il travaillait. Maintenant, nous arrivons quelque part.

Et si seulement UN conjoint travaillait et que l'autre ne travaillait pas. Dans ce cas, le conjoint qui ne travaille pas recevrait une prestation de CONJOINT correspondant à la moitié du PIA du travailleur principal. Dans le tableau 18 ci-dessus, le PIA pour un travailleur était de 2 137,08 $, nous en prenons donc la moitié pour obtenir 1 068,54 $.

Ajoutez 2 137,08 $ et 1 068,54 $ pour obtenir une prestation mensuelle de 3 205,62 $ à l'âge de la retraite complète, soit 38 467 $ par an. Cela remplace 89 % du revenu NET avant la retraite. Nous y arrivons, mais nous n'avons pas encore fini.

Dans le chapitre suivant, nous passerons en revue les stratégies visant à augmenter nos prestations de sécurité sociale pour montrer à quel point il est simple de vivre de votre sécurité sociale sans AUTRE REVENU.

Chapitre 10 - Augmentez vos prestations de sécurité sociale - Facile

Vous êtes le foyer MEDIAN en Amérique. Vous gagnez 60 000 $ par an. Vous venez dans mon bureau et dites que vous devez avoir le même revenu à la retraite. Tu me dis aussi, penaud, comme si tu avais honte de toi, que tu n'as pas d'économies. "Ce n'est pas possible, n'est-ce pas, Josh ?" Demandez-vous, découragé.

« Oh, c'est possible. En fait, ce n'est pas un problème du tout », vous dis-je.

Vous sautez de votre siège, "COMMENT ???"

Vous me défiez même dans une certaine mesure. «Josh, je t'ai vu sur Youtube. Je t'aime et je te fais confiance. Mais mec, ne me tire pas la jambe ici. S'il te plaît. Je peux accepter la vérité, mais je ne peux pas me tromper .

"Regarde juste." Je dis. "Regarde juste."

La première chose que nous devons faire est de déterminer comment sont calculés ces 60 000 $ de revenu familial. De 1 travailleur ou 2 ? Le tableau 20 ci-dessous le détaille pour chacun. Nous supposerons qu'avec 2 revenus, chaque conjoint gagnait 30 000 $. Ou s'il n'y avait qu'un seul travailleur, l'un des conjoints gagnait la totalité du revenu familial de 60 000 $.

Tableau 20

Année Des dossiers	1 Revenu	2 Revenus	Revenu net de travail	1 Revenu Remplacer %	2 Revenu Remplacer %
DEPUIS	38 467 $	32 089 $	43 000 $	89,46%	74,63%
68	40 500 $	34 656 $	43 000 $	94,19%	80,60%
69	42 720 $	37 428 $	43 000 $	99,35%	87,04%
70	45 120 $	40 422 $	43 000 $	104,93%	94,00%

Ce que vous voyez dans le tableau 20, c'est qu'à 67 ans, leur FRA, la sécurité sociale remplace entre 74 % et 89 % de leur revenu net. Maintenant, je dois souligner que pour le ménage à 1 revenu, la prestation de sécurité sociale se compose de la prestation des travailleurs primaires mais également d'une prestation de CONJOINT pour le conjoint qui ne travaille pas.

La prestation au conjoint représente la moitié du PIA pour les travailleurs de première ligne. N'oubliez pas que c'est TRÈS IMPORTANT, **la prestation de conjoint n'augmentera PAS si elle est portée au-delà de FRA.** Vos prestations de travailleur augmenteront de 8 % par an en attendant au-delà de votre FRA pour bénéficier des prestations, mais pas le conjoint.

Je ne peux pas commencer à vous dire combien de personnes, y compris des professionnels, font l'erreur de supposer que les prestations de conjoint augmentent en fonction du fait que le travailleur principal attend au-delà de la FRA pour bénéficier des prestations. Ne fais pas ça !

Désormais, même si les prestations de conjoint n'augmenteront pas au-delà de FRA, elles seront réduites si vous les prenez avant FRA. Ainsi, dans l'exemple du tableau 20, la prestation du conjoint ne dépassera pas 1 068 $ par mois, soit encore une fois la moitié du PIA des travailleurs primaires, même si la prestation du travailleur principal peut dépasser le montant de la PIA.

Ouf! Cela faisait beaucoup d'informations à retenir, n'est-ce pas ? Je ne serais pas surpris si vous, cher lecteur, ne compreniez pas une grande partie de ce que je viens d'écrire. Ne vous inquiétez pas si vous n'avez pas compris tout de suite, je suis planificateur financier professionnel depuis plus de 20 ans et jusqu'à ce que je décide vraiment d'étudier ce genre de choses, au cours des 5 dernières années environ, je n'avais aucune idée des réseaux sociaux. La sécurité non plus. Et pourtant, je suis un professionnel !

En fait, même Devin Carroll, qui a eu une ÉNORME influence sur moi en ce qui concerne la sécurité sociale, a déclaré qu'il ignorait également tout à fait le programme. Et c'était après avoir été conseiller professionnel pendant plus de 10 ans ! (Vous pouvez écouter mon interview avec Devin, il re .)

Mais ne vous inquiétez pas. Bien que votre compréhension du fonctionnement de la sécurité sociale soit une bonne chose , elle n'est pas essentielle pour ce que montre le tableau 20. Le tableau 20 montre simplement qu'en vertu des règles établies pour la sécurité sociale, un ménage composé d'un seul travailleur avec un revenu de 60 000 $ verra 99,35 % de son revenu NET remplacé en bénéficiant de la sécurité sociale à 69 ans.

Un ménage de 2 travailleurs , chaque travailleur ayant gagné 30 000 $ par an, verra 94 % de son revenu NET remplacé uniquement en prenant la sécurité sociale lorsqu'ils auront chacun 70 ans.

Maintenant, si vous avez mis de l'argent de côté sur un compte de retraite, vous êtes encore plus en or. Mais le principe de ce livre est de vous montrer que vous POUVEZ prendre votre retraite grâce à la sécurité sociale. Ces exemples le prouvent. VOTRE situation spécifique sera-t-elle différente ? Bien sûr.

Peut-être que tu es célibataire. Peut-être que votre foyer gagnait 80 000 $ par an. Peut-être que vous ne pouvez pas attendre d'avoir 68 ou 70 ans pour déposer une demande de sécurité sociale. Il y a en effet une tonne de peut-être. Je comprends. Mais devinez quoi ? Votre situation n'enlève rien au fait que le revenu MÉDIAN des ménages aux États-Unis sera bien équipé pour prendre sa retraite uniquement grâce à la sécurité sociale. Ajoutez à cela un peu d'épargne-retraite et ce ménage sera encore mieux placé.

N'écoutez PAS les opposants. Exécutez d'abord vos propres chiffres. Et voyez où vous en êtes avant de devenir la proie des apocalypses.

Dans le prochain chapitre, je partagerai avec vous pourquoi je pense que la situation est encore meilleure que ce que je montre ici. Et puis nous terminerons avec des réponses aux commentaires/questions pressants que j'entends tout le temps, tels que
« La Sécurité sociale fait faillite ! » » et « Qu'en est-il des soins de santé ?

Chapitre 11 - Encore PLUS de raisons d'être optimiste quant à la retraite

En 2005, je suis tombé sur ça article écrit par Ty Bernicke dans le Journal For Financial Planning qui a tout changé pour moi.

« *Les tendances de dépenses radicalement différentes entre les clients retraités plus jeunes et plus âgés de mon entreprise ont servi de catalyseur pour cette étude.* **Bon nombre de nos jeunes retraités avaient du mal à dépenser selon les paramètres de revenu de leur régime de retraite, tandis que la majorité de nos retraités plus âgés dépensaient beaucoup moins que ce qu'ils pouvaient se permettre.** *À mon avis, ces tendances en matière de dépenses sont la clé d'une vision beaucoup plus large, qui comprend la création de projections de retraite plus réalistes en apportant des ajustements à l'approche traditionnelle de planification de la retraite.*

La planification traditionnelle du revenu de retraite suppose généralement que les dépenses d'un ménage pendant la retraite augmentent d'un certain pourcentage chaque année pour refléter les taux d'inflation historiques. Ce type de planification entraîne généralement des retraits de plus en plus élevés du pécule du retraité pour aider à soutenir les dépenses ajustées en fonction de l'inflation tout au long de la retraite. La planification de la retraite en réalité est similaire à l'approche traditionnelle dans la mesure où elle augmente les dépenses en fonction de l'inflation. **Cette stratégie diffère de l'approche traditionnelle car elle suppose que les besoins de dépenses réels d'un ménage diminuent progressivement tout au long de la retraite** *(c'est moi qui souligne) .* »

Bernicke a utilisé des données RÉELLES du Bureau of Labor Statistics (BLS) pour constater que, et voilà, les dépenses des retraités n'augmentent pas chaque année avec l'inflation, mais diminuent plutôt beaucoup.

« *L'Enquête sur les dépenses de consommation de 2002 illustre une réduction de 27 pour cent des dépenses annuelles moyennes entre le groupe d'âge 55-64 ans et le groupe d'âge 65-74 ans. Il révèle également une réduction de 26 pour cent des dépenses entre la tranche d'âge de 65 à 74 ans et la tranche d'âge de 75 ans et plus.* Ainsi, les dépenses ont chuté respectivement de 27 % et 26 % à mesure que les retraités vieillissaient ! Cet article était basé sur les chiffres de 2002 de l'enquête sur les dépenses de consommation (CES) du BLS. Alors, c'est peut-être ponctuel, non ?

Eh bien, jetons un coup d'œil aux chiffres les plus récents du BLS que j'ai publiés ci-dessous dans le tableau 21. Vous pouvez lire l'intégralité de l'article ici. . En 2014, le BLS rapporte que les dépenses ont chuté de 13 % entre 55 et 64 ans et de 65 à 74 ans, et de 25 % supplémentaires entre 65 et 74 ans et plus de 75 ans, un peu comme les chiffres du BLS de 2002 évoqués par Bernicke.

Tableau 21

Caractéristiques de l'unité de consommation, par âge de la personne de référence, Consommateur
Enquête sur les dépenses, 2014

Article	Tous	55 ans et plus	55 à 64 ans	65 à 74 ans	75 ans et plus
Total Annuel Dépenses	**53 495 $**	**49 279 $**	**56 267 $**	**48 885 $**	**36 673 $**
Nourriture					
Signifier	6 759	6 066	6 800	6 303	4 349
Part (pourcentage du total)	12.6	12.3	12.1	12.9	11.9
Logement					
Signifier	17 798	16 219	18 006	15 838	13 375
Part (pourcentage du total)	33.3	32,9	32	32.4	36,5
Vêtements					
Signifier	1 786	1 412	1 789	1 417	683
Part (pourcentage du total)	3.3	2.9	3.2	2.9	1.9
Transport					
Signifier	9 073	8 002	9 321	8 338	5 091
Part (pourcentage du total)	17	16.2	16.6	17.1	13.9
Soins de santé					
Signifier	4 290	5 452	4 958	5 956	5 708
Part (pourcentage du total)	8	11.1	8.8	12.2	15.6
Divertissement					
Signifier	2 728	2 604	2 852	2 988	1 626

Part (pourcentage du total)	5.1	5.3	5.1	6.1	4.4
Les retraites et Sécurité sociale					
Signifier	5 399	4 002	6 578	2 788	800
Part (pourcentage du total)	10.1	8.1	11.7	5.7	2.2
<u>Autre(1)</u>					
Signifier	5 662	5 522	5 963	5 257	5 041
Part (pourcentage du total)	10.6	11.2	10.6	10.8	13.7

Si nous choisissons d'y regarder de plus près, nous constatons une baisse constante et constante des dépenses des retraités à mesure qu'ils vieillissent. Le plus intéressant est que, de loin, la première dépense à la retraite est…. LOGEMENT! Rien ne s'en rapproche. Le logement consomme plus d'un tiers des revenus des retraités , et ce de manière constante.

Une autre chose intéressante à propos du logement est que, selon le <u>Bureau du recensement</u> les coûts médians de logement pour ceux qui n'ont pas d'hypothèque est de 474 $ par mois. <u>Pourtant</u>, pour ceux qui <u>ont</u> une <u>hypothèque</u> le coût médian du logement est 3 fois plus élevé, à 1 515 $ par mois !

Tableau 22

CARACTÉRISTIQUES FINANCIÈRES DU LOGEMENT			
UNITÉS SANS HYPOTHÈQUE			
Estimations quinquennales de l'American Community Survey 2013-2017			
		Nombre de logements occupés par leur propriétaire sans hypothèque	
Coûts mensuels du logement			
0-999$			24 900 143
1 000 $ à 1 499 $			1 894 084
1 500 $ ou plus			853 594
Médiane (dollars)			474 $

Tableau 23

CARACTÉRISTIQUES FINANCIÈRES DU LOGEMENT

UNITÉS AVEC HYPOTHÈQUE

Estimations quinquennales de l'American Community Survey 2013-2017

		Nombre de logements occupés par leur propriétaire avec un Hypothèque
Coûts mensuels du logement		
0-999$		10 059 453
1 000 $ à 1 999 $		23 557 273
2 000 $ à 2 999 $		9 351 340
3 000 $ ou plus		5 217 248
Médiane (dollars)		1 515 $

En approfondissant encore plus les données du Census Bureau, nous constatons que le nombre de personnes SANS hypothèque augmente considérablement à mesure que les gens vieillissent.

Tableau 24

CARACTÉRISTIQUES FINANCIÈRES DES LOGEMENTS	
Estimations quinquennales de l'Enquête sur la communauté américaine 2013-2017	
	75 833 135
Unités de logement avec hypothèque	**48 185 314**
15-34 ans	6 242 654
35-44 ans	10 088 306
45-54 ans	12 423 907
55-59 ans	6 023 259
60-64 ans	4 994 045
65-74 ans	6 119 167
75 + ans	2 293 976
Unités de logement sans hypothèque	**27 647 821**
15-34 ans	1 246 306
35-44 ans	1 864 756
45-54 ans	3 674 900
55-59 ans	2 928 983
60-64 ans	3 504 244
65-74 ans	7 116 110
75 + ans	7 312 522

Dans chaque tranche d'âge, les ménages sont plus nombreux à avoir un prêt hypothécaire qu'à n'en avoir pas **avant 65 ans et plus.** . En fait, dans la tranche d'âge de 35 à 44 ans, il y a 5 propriétaires ayant une hypothèque pour 1 propriétaire non hypothéqué. Entre 45 et 54 ans, le ratio tombe à environ 3-1. 55-59, c'est environ 2-1. Et 60-64, c'est moins de 1,5 -1.

Cependant, à l'âge de 65 ans, les ratios changent : il y a plus de propriétaires non hypothécaires que de propriétaires hypothécaires.

Tableau 25

Lorsque vous atteignez 75 ans et plus, le ratio entre propriétaires non hypothécaires et créanciers hypothécaires est supérieur à 3-1.

Faut-il alors se demander pourquoi les dépenses diminuent à la retraite ? Le logement est de loin la plus grosse dépense. Et le coût du logement diminue considérablement avec l'âge, principalement parce que vous n'avez plus de dettes sur la maison ! Cela a du sens pour moi. (Je dois ajouter l'impôt foncier, en remarque. Les retraités occupent généralement des maisons plus petites, ils ont donc moins d'impôt foncier. Et de nombreux comtés ont d'importantes exonérations de propriété pour les personnes âgées afin de réduire également leur facture d'impôt foncier.)

Toutes ces informations sont accessibles à tous ceux qui souhaitent prendre le temps de regarder. Pourtant, peu de professionnels de la finance, voire même de chercheurs, l'ont fait. Pourquoi?

Chapitre 12 – Tout ce qu'on nous a dit sur la planification de la retraite est-il faux ?

En voyant toutes ces données, j'ai commencé à me demander : « si tout ce qu'on nous a dit sur la planification de la retraite est faux, à quoi ressemble alors un plan de retraite ? »

Heureusement, les gens de www.Firecalc.com Nous avons conçu un calculateur que nous pouvons utiliser pour comparer deux régimes de retraite : le « modèle traditionnel » et un autre basé sur le modèle de Bernicke avec diminution des dépenses. Ils appellent cela le plan « Reality Retirement ».

Prenons quelqu'un qui possède un portefeuille de 250 000 $ et qui prévoit vivre 30 ans à la retraite. Il investit dans un portefeuille typique composé de 60 % d'actions et de 40 % d'obligations. Il a fait ses recherches et est convaincu de la règle traditionnelle des 4 % pour le taux de retrait tout au long de la retraite. Cela signifie qu'il retirera 4 % du portefeuille la première année et augmentera ce montant avec l'inflation chaque année par la suite. Ainsi, ses retraits seront
10 000 $ la première année, 10 400 $ la deuxième, 10 816 $ la suivante et ainsi de suite.

La règle des 4 %

La « règle » des 4 % a été élaborée par un planificateur financier nommé Bill Bengen en 1994. Il essayait de déterminer le « taux de retrait sûr », c'est-à-dire le montant maximum qu'on pouvait retirer d'un portefeuille sans se retrouver à court d'argent. Si vous êtes intéressé par ses premières recherches à ce sujet, vous pouvez lire l'article de 1994 ici .

La règle des 4 %, lentement mais sûrement, a pris de l'ampleur et est finalement devenue la suggestion de facto en matière de taux de retrait par les planificateurs financiers du monde entier.

Le problème avec la règle des 4 % est l'hypothèse selon laquelle les retraités continuent de dépenser un montant croissant ajusté en fonction de l'inflation chaque année. Encore une fois, que se passe-t-il si cette hypothèse est incorrecte ? Si tel est le cas, toute une génération de retraités dépense bien MOINS qu'elle ne pourrait le faire en réalité ! Ils sous-consomment au cours des premières années de leur retraite, les années où ils sont plus enclins à faire des choses, et auront donc PLUS de revenus disponibles dans les années ultérieures, lorsqu'ils ne seront pas aussi enclins à faire grand-chose.

J'appelle cela l'entraîneur volant pour que vos enfants puissent voler avec un plan de retraite de première classe. Je n'ai aucun problème avec votre enfant, mais allez, aucune raison pour que vous soyez un pauvre pour que vos enfants puissent vivre comme des rois.

En fait, Meir Statman, PhD, a écrit à ce sujet dans un <u>article du Journal for Financial Planning.</u> lorsqu'il a cité une veuve qui a déclaré : « Mon mari n'a jamais tiré aucun bénéfice de ses habitudes d'épargne et n'a reçu que trois mois de sécurité sociale avant de mourir. Que d'autres échappent à son sort.

Dans le tableau 25, nous utilisons le site Web Firecalc pour exécuter 4 scénarios de retraite différents. Dans chaque scénario, le retraité a commencé avec 250 000 $ et a été investi dans la combinaison traditionnelle actions/obligations 60/40.

Dans le scénario 1, la règle traditionnelle des 4 %, un retraité a dépensé « en toute sécurité » 10 000 $ la première année et l'a augmenté chaque année en fonction de l'inflation. Firecalc utilise des rendements historiques RÉELS remontant à 1871 et exécute 119 scénarios sur 30 ans. Comment ce retraité s'en sortirait-il ? Il n'aurait manqué d'argent que 5 fois ; une probabilité de réussite de 95,8%. Son bilan moyen après 30 ans était 354 246 $.

Juste par curiosité, prenons le même retraité que ci-dessus mais demandons-lui d'embaucher un gestionnaire de fonds moyennant des frais de 1 %. Quels sont alors les résultats ? Oh, choquant (/sarc), il se serait retrouvé à court d'argent 22 fois, soit un taux de réussite de seulement 81,50 %, et aurait laissé à ses héritiers un solde moyen bien inférieur de 200 488 $.

*** Juste une remarque, si UN conseiller professionnel effectue des calculs pour vous en utilisant la règle des 4 % et n'incluant PAS les frais que vous payez, COUREZ, ne vous éloignez pas .* **

Selon les scénarios « réels », le retraité pourrait dépenser 15 000 $ la première année, soit une augmentation de 50 % par rapport à la règle des 4 %. Cela lui permet de dépenser beaucoup plus au début de sa retraite, au moment où il est le plus susceptible de vouloir dépenser de l'argent. Mieux encore, non seulement il ne manque pas d'argent, mais il laisse même 70 000 $ DE PLUS à ses héritiers que s'il suivait l'approche pauvre prônée par les partisans de la règle des 4 %.

De toute évidence, nous n'avons AUCUNE idée de ce qui va vous arriver en particulier. Personne ne le fait. Mais les preuves vont majoritairement dans UNE seule direction : vous dépenserez moins en vieillissant. Profitez donc d'une partie de vos économies MAINTENANT et ne craignez plus de manquer d'argent !

Tableau 25

	Portefeuille de 250 000 $ 60/40 actions/obligations			
	119 cycles de 30 ans depuis 1871			
	Règle des 4 %	**4% avec 1% de frais**	**Réalité Retraite**	**Réalité Retraite avec une initiale de 15 000 $ Dépenses**
Succès	95,80%	81,50%	100%	100%
# Échouer	5	22	0	0
Moins	-68 119 $	-152 465 $	250 000 $	36 080 $
Moyenne	354 246 $	200 488 $	634 342 $	413 841 $
La plupart	1 141,23 $	786 557 $	1 486 176 $	1 184,72 $

Chapitre 13 – Quelle crise de l'épargne ?

Les non - disants de l'article de Bernicke n'étaient pas convaincants. Leur argument était simple ; "La raison pour laquelle les dépenses diminuent, c'est parce que les gens manquent d'argent." Mais ils n'ont fourni aucune preuve de cela, juste des spéculations. Les retraités manquent-ils réellement d'argent en vieillissant ? Où sont les preuves ?

Puis je suis tombé sur ce livre de Larry Kotlikoff et Scott Burns, « Spend Till The End ». Leur prémisse est basée sur le lissage de la consommation, similaire à ce que Bernicke a déclaré lorsqu'il a écrit comme je l'ai souligné précédemment :

« Bon nombre de nos jeunes retraités avaient de la difficulté à dépenser selon les paramètres de revenu de leur régime de retraite, tandis que la majorité de nos retraités plus âgés dépensaient beaucoup moins que ce qu'ils pouvaient se permettre.

Ce que Bernicke affirme ici, c'est que les jeunes retraités dépensent PLUS que ce que permettent les modèles de régime de retraite traditionnels, tandis que les plus âgés dépensent moins... beaucoup moins. Pourtant, les modèles traditionnels supposent qu'il existe un modèle de dépenses nivelé, les mêmes 4 % ajustés chaque année en fonction de l'inflation. Mais ce niveau de dépenses est tout aussi susceptible de se produire puisque vous obtenez un taux de rendement de 7 % sur vos investissements chaque année, sans variabilité. Cela ne va pas se passer comme ça.

Pensez-y comme ceci : j'ai 49 ans et je suis une famille de 6 personnes. Nous avons une grande maison et une hypothèque importante. Nous avons également 4 paires d'appareils dentaires à payer et plusieurs paires de lunettes. Il en a coûté 850 $ à mon deuxième joueur pour jouer à la crosse au lycée et 1 000 $ supplémentaires pour jouer au football. Mes deux plus jeunes font du sport pour au moins 300 $ pièce. Nous avons de multiples fractures, des dépenses d'assurance maladie... les coûts sont interminables. Peu importe que chaque fois que nous partons en vacances, nous avons besoin de 2 chambres dans un hôtel, plus le coût pour nourrir une famille de 6 personnes. Vous comprenez.

Cependant, 10 ans plus tard, j'aurai 59 ans et mon plus jeune aura alors 22 ans, mon plus âgé 29 ans. Vraisemblablement, nous serons des nids vides. Des jours à payer pour un appareil dentaire ? Disparu. Du sport pour les enfants ? Disparu. Le besoin d'une grande maison/d'une grande hypothèque ? Disparu. Nourrir 6 personnes trois fois par jour ? Disparu. Les dépenses diminueront considérablement.

Pourtant, les modèles traditionnels de planification de la retraite demanderaient quel est notre revenu et diraient ensuite que nous aurons besoin de 80 % de ce revenu à la retraite. Ils diront également qu'à la retraite, nous devrons augmenter nos revenus chaque année en fonction du taux d'inflation.

Mais en regardant la planification de la retraite à travers le prisme de Bernicke, Kotlikoff et Burns, et en mes propres preuves anecdotiques de plus de 20 ans d'expérience en tant que planificateur financier, j'ai réalisé que tout allait mal !

Je n'oublierai jamais un client que j'ai eu vers 2010 environ. Il avait environ 80 ans, a vécu toute sa vie dans la région de DC et était un grand fan des Redskins. Autrefois, lorsque les Redskins jouaient au stade RFK, il était impossible d'obtenir des places. En fait, les gens les transmettaient dans leurs testaments afin que les sièges restent dans la famille.

Cela a commencé à changer une fois que Daniel Snyder a déménagé l'équipe dans le Maryland et a augmenté les coûts de possession d'un abonnement avec PSL (licences de siège privé) et les coûts exorbitants de stationnement et autres. (Bien sûr, une équipe perdante n'aide pas non plus !)

Un jour d'automne, nous discutions et je lui ai demandé s'il allait assister au match de dimanche alors qu'un rival de la NFC Est arrivait en ville. Il a dit non. J'ai renoncé à mes abonnements cette année. Or, les abonnements sont dans sa famille depuis les années 1950, j'ai donc été stupéfait par cette révélation.

« Boycottez-vous Snyder ? J'ai demandé. De nombreux fans des Redskins ont été très déçus par la propriété de l'équipe par Dan Snyders. Il n'y avait aucune autre raison pour que ce type ne achète pas les abonnements, il pouvait facilement se les permettre.

"Non. Je suis juste trop vieux pour aimer encore aller aux jeux. Il est plus facile et plus confortable de simplement regarder depuis chez soi.

Et ensuite ça m'a frappé. Bernicke avait raison ! À mesure que les gens vieillissent, ils ne dépensent plus comme avant. Non pas parce qu'ils manquent d'argent, mais parce qu'ils ralentissent. Ce qui signifie que nous avons considérablement surestimé les dépenses dont disposeront les retraités dans la dernière partie de leur retraite. C'est pourquoi nous les encourageons à dépenser beaucoup moins que ce qu'ils souhaiteraient au cours des premières années de leur retraite.

Pire encore, nous disons aux travailleurs qu'ils ne sont pas prêts et qu'ils ne le seront jamais pour la retraite. Nous disons qu'il y a une « crise des retraites », qu'ils ont besoin de millions de dollars pour prendre leur retraite, qu'ils n'épargnent pas suffisamment, etc. Ce sont des prédictions apocalyptiques partout. Pourtant, ce n'est tout simplement PAS VRAI ! J'ai écrit un article de blog à ce sujet en mai 2019, intitulé « Il est temps de se désintéresser du secteur financier », qui pourrait vous intéresser.

En fait, allez sur votre moteur de recherche préféré et tapez « Les Américains n'économisent pas assez » et vous trouverez histoire après histoire, comme celle-ci. " La plupart des Américains n'économisent pas suffisamment pour prendre leur retraite à 65 ans CNBC.com ». Et ils mettront même des éléments visuels dans l'histoire.

Tableau 26

Quel pourcentage du revenu annuel économisez-vous

Combien les Américains mettent de côté pour la retraite, les urgences et d'autres objectifs.

Aucun	21%
5 % ou moins	20%
6-10%	28%

11-15%	dix%
>15%	16%

En fait, de nombreux opposants citent cette enquête le Conseil de la Réserve fédérale de Saint-Louis publie un article sur le taux d'épargne personnelle des Américains. La Fed de Saint-Louis montre que l'Américain moyen épargne un peu plus de 6 %, ce qui est nettement inférieur à ce qu'il était au cours des décennies précédentes.

C'est une urgence non ?

Ce qui est étrange dans cet argument d'une crise de l'épargne, c'est qu'il néglige inexplicablement les impôts que nous payons à la sécurité sociale. Dans les années précédentes, lorsque le taux d'épargne était bien plus élevé qu'aujourd'hui, les cotisations de sécurité sociale étaient nettement inférieures à ce que nous payons aujourd'hui.

Ci-dessous le tableau provenant directement de l' Administration de la Sécurité Sociale qui montre les impôts que les employés et les employeurs versent à la sécurité sociale depuis sa création. HI, en passant, est une assurance hospitalisation, c'est-à-dire Medicare Part A. Bien que ces taxes n'aient aucun effet sur votre prestation de revenu de retraite, elles constituent certainement des obligations avec lesquelles vous ne pouvez pas faire autre chose.

Tableau 27

	Taux d'imposition en pourcentage du bénéfice imposable
Année civile	**Tarif pour les salariés et les employeurs, chacun**

	OASDI	SALUT	Total
1937-49	1	--	1
1950	1,5	--	1,5
1951-53	1,5	--	1,5
1954-56	2	--	2
1957-58	2.25	--	2.25
1959	2.5	--	2.5
1960-61	3	--	3
1962	3.125	--	3.125
1963-65	3,625	--	3,625
1966	3,85	0,35	4.2
1967	3.9	0,5	4.4
1968	3.8	0,6	4.4
1969-70	4.2	0,6	4.8
1971-72	4.6	0,6	5.2
1973	4,85	1	5,85
1974-77	4,95	0,9	5,85
1978	5.05	1	6.05
1979-80	5.08	1.05	6.13
1981	5h35	1.3	6,65
1982-83	5.4	1.3	6.7
1984 un	5.7	1.3	7
1985 un	5.7	1,35	7.05
1986-87 un	5.7	1,45	7h15
1988-89 un	6.06	1,45	7.51
>1989	6.2	1,45	7.65

Ce qui devrait être clair comme le jour, c'est que nous payons aujourd'hui plus de deux fois plus d'impôts que ce que nous faisions dans les années 1960, lorsque notre taux d'épargne personnelle dépassait 10 %. Hmmmmm…. pourrait-il y avoir une corrélation? Des impôts plus élevés, un taux d'épargne plus faible ?

En juin 2001, trois économistes, dont l'un est encore une fois l'un de mes favoris, Larry Kotlikoff, ont réalisé une étude sur la manière dont la participation des 401 000 personnes AUGMENTE les impôts et RÉDUIT la consommation des travailleurs à revenus moyens et faibles . Mais même si cette découverte a été énorme pour moi car elle m'a ouvert les yeux sur la folie de reporter les impôts le plus longtemps possible, ils ont également écrit
:

«(Les gens) contribuent énormément à la sécurité sociale et. ..recevant des avantages suffisamment importants de ce programme pour qu'ils aient peu besoin et les moyens de faire des économies supplémentaires. Ce tableau, dans son ensemble, explique en grande partie le faible taux d'épargne personnelle des Américains.

Intéressant, non ? Et rappelez-vous que ceci a été écrit en JUIN 2001. Pourtant, l'erreur de ce faible taux d'épargne personnelle demeure encore aujourd'hui. Pourquoi, vous demandez-vous peut-être ? (Le secteur de l'investissement ne pourrait-il pas essayer de vous effrayer pour que vous investissiez davantage afin de facturer des frais plus élevés, n'est-ce pas ??? Hmmmm….)

Il est en fait étrange de voir combien d'économistes, et d'autres, sont déconcertés par notre baisse du taux d'épargne. Pourtant, Andrew Biggs, l'un des éminents spécialistes de tout ce qui touche à la sécurité sociale et qui était auparavant commissaire adjoint à l'administration de la sécurité sociale, écrit :

« La logique est simple : quand les impôts augmentent, les gens travaillent moins ; lorsque les prestations de sécurité sociale augmentent, les gens épargnent moins.
En fait, le caractère dissuasif des impôts marginaux élevés a incité de nombreux membres de la gauche à s'opposer aux politiques fiscales de gauche. Il suffit de lire la biographie de Ronald Reagan, ou même d' Astrid Lindgren , auteur de Pippi LongStocking.

" En 1976, Lindgren a appris qu'en raison des lois fiscales l'obligeant à payer à la fois l'impôt sur le revenu et les cotisations de son employeur, elle serait effectivement imposée à un taux de 102 pour cent. Même si elle était généralement partisane des principes du socialisme, payer plus que ce qu'elle gagnait réellement la consternait. C'est ainsi qu'elle a publié un conte de fées satirique, "Pomperipossa in Monismania", sur un auteur de livres pour enfants contraint de payer des impôts exorbitants.

Il n'est vraiment pas surprenant que plus nous payons d'impôts, moins nous économisons.

Regardons simplement les impôts que nous avons payés à la Sécurité sociale en 1965. Ils étaient de 3,625 %. En tenant compte des cotisations patronales, l'impôt total était de 7,25 %. Notre taux d'épargne personnelle était alors en moyenne d'environ 11 %. Ainsi, entre nos cotisations de sécurité sociale et nos économies personnelles, nous avons perdu 18,25 %.

Avance rapide jusqu'à aujourd'hui, où notre taux d'épargne personnelle est en moyenne de 6,2 % ET nos impôts totaux de sécurité sociale sont de 12,4 %, eh bien, regardez ici, nous économisons 18,6 % maintenant, ce qui est PLUS que ce que nous économisions dans les années 1960 ! Mais d'une manière ou d'une autre, il y a une crise. Bizarre. Et n'oubliez pas que nous n'incluons PAS non plus la taxe HI ici !

"Mais Josh, à l'époque, plus de gens avaient une pension."

Eh bien, davantage de personnes avaient ACCÈS aux pensions, c'est exact. Mais la majorité des travailleurs du secteur privé n'ont jamais eu accès à une pension, même à l'apogée des années 1960. Et, même parmi les travailleurs ayant accès, combien sont restés à leur emploi suffisamment longtemps pour bénéficier d'une pension ? Je ne sais pas. Mais dites-moi, préférez-vous être celui qui appartient à son entreprise et qui y va tous les jours, pendant 30 ans, pour fabriquer des bidules pour potentiellement bénéficier d'une retraite, ou quelqu'un aujourd'hui, sans retraite mais avec une une économie beaucoup plus dynamique et la liberté de vous engager dans tout ce que VOUS voulez faire ?

Personnellement, je prendrai ce dernier. En fait, c'est parce que nous sommes de cette dernière que je suis capable d'écrire ce livre et de le mettre entre vos mains. Cela ne serait pas arrivé autrefois.

Alors, terminons ce chapitre, d'accord ? Quelle est la probabilité que vos dépenses augmentent réellement à la retraite ? Selon les recherches gouvernementales, cela est peu probable. En fait, vos dépenses diminueront probablement, et de manière substantielle.

Je m'en voudrais de ne pas expliquer pourquoi je pense que c'est le cas en réalité. Les gens dépensent moins en capital qu'en revenus, c'est ce qu'on appelle la comptabilité mentale. C'est un phénomène très intéressant, mais pas du tout rationnel non plus. Mais c'est là la merveille des êtres humains : nous ne sommes PAS des créatures rationnelles. Ici est un article intéressant du Bureau national de recherche économique (NBER) qui parle de ce même scénario.

Chapitre 14 – « *La faillite médicale tue la classe moyenne américaine !* » - Vraiment???

Vous avez probablement lu des histoires effrayantes telles que :
« *L'American Journal of Medicine documente que les dépenses de santé étaient la cause la plus courante de faillite aux États-Unis en 2007, représentant 62 % des faillites américaines, contre 8 % en 2007. 1981.* »

Ou ca : « *La faillite médicale tue la classe moyenne américaine !* » Ou de CNBC , « *Les deux tiers des personnes qui déclarent faillite citent les problèmes médicaux comme un facteur clé de leur chute financière.* »

La liste se rallonge de plus en plus. De nombreux articles vous mettent en garde sur les coûts des soins de santé et sur le fait que vous n'êtes qu'à une maladie de tout perdre. Nous laisserons de côté, pour le moment, ceux qui prônent ce discours afin d'établir un système à payeur unique. Mais il suffit de dire que les médias sont tombés dans le piège de cette affirmation.

Et à cause du « reportage » continu de ces « études » à maintes reprises, ils ont perpétué le mythe selon lequel les gens ne peuvent pas prendre leur retraite en raison des risques liés aux soins de santé. (En passant, n'oubliez pas que chaque fois qu'il s'agit des médias, « si ça saigne, ça mène ». Les médias sont fortement incités à rapporter des choses effrayantes. C'est de notre faute, cependant. La négativité attire les yeux).

Heureusement, la vérité existe et la vérité est que ces gens ont tort.

Commençons par le souvent cité « recherche » qui a propulsé Elizabeth Warren sur le devant de la scène nationale. Voici le résumé de l'article qu'elle a co-écrit au début des années 2000. Leurs « découvertes » ont depuis pris leur propre vie, effrayant d'innombrables Américains, presque comme un roman de Stephen King.

« RÉSUMÉ : En 2001, 1,458 million de familles américaines ont déposé le bilan. Pour enquêter sur les facteurs médicaux contribuant à la faillite, nous avons interrogé 1 771 déclarants en faillite personnelle devant cinq tribunaux fédéraux et avons ensuite mené des entretiens approfondis avec 931 d'entre eux. Environ la moitié ont cité des causes médicales, ce qui indique que 1,9 à 2,2 millions d'Américains (déclarants et personnes à charge) ont connu une faillite médicale.

Parmi ceux dont la maladie a conduit à la faillite, les dépenses personnelles se sont élevées en moyenne à 11 854 \$ depuis le début de la maladie ; 75,7 pour cent avaient une assurance au début de la maladie. Les débiteurs médicaux étaient 42 pour cent plus susceptibles que les autres débiteurs de connaître des interruptions de couverture. Même les familles assurées de la classe moyenne sont souvent victimes d'une catastrophe financière lorsqu'elles sont malades.»

Cela semble plutôt simple, non ? Difficile d'imaginer que leurs découvertes pourraient poser des problèmes, n'est-ce pas ? Eh bien, lisons ce qu'un professeur de droit, qui siège maintenant à la Commission américaine des droits civils, a écrit en 2005 à propos de cette pièce de « recherche ».

*« Alors que l'étude considère que 54,5 % de toutes les faillites ont une « cause médicale » et 46,2 % de toutes les faillites ont une « cause médicale majeure », il est **important de noter que seulement 28,3 % de l'ensemble des débiteurs interrogés dans le cadre de l'étude citée une maladie ou une blessure comme raison de leur propre faillite, et même ce chiffre est gonflé.** Les auteurs ont donné aux débiteurs une longue liste de raisons possibles de leur faillite et les ont encouragés à « vérifier toutes celles qui s'appliquent à votre situation ». Parmi les raisons énumérées figuraient : (1) « Problèmes d'emploi » ; (2) « Maladie ou blessure de soi-même ou d'un membre de sa famille » ; (3) « Divorce ou rupture familiale » ; (4) « Peut perdre son logement (expulsion, forclusion) » ; (5) « Victime de fraude ou de délit » ; 6° «Ajout d'un membre de la famille»; (7) « Jeux de hasard » ; (8) « Difficultés à gérer l'argent » ; (9) « L'entreprise de l'employeur a échoué » ; (10) « Accident de voiture » ; (11) « Décès d'un membre de la famille » ; (12) « Dette de carte de crédit hors de contrôle » ; (13) « Victime d'une*

catastrophe (par exemple, inondation ou incendie) » ; (14) « Efforts de recouvrement agressifs de la part du créancier » ; (15) « Alcoolisme ou toxicomanie » ; et (16) « Quelque chose d'autre (quoi ?). » Le chiffre de 28,3 % a été obtenu à partir des résultats de cette question.

Toute faillite d'un débiteur ayant cité « [i] maladie ou une blessure de soi-même ou d'un membre de sa famille » était considérée comme ayant une « cause médicale majeure », quel que soit le nombre d'autres raisons également citées par ce débiteur. L'étude ne parvient pas à le préciser. *Bien qu'il indique que certains débiteurs « ont cité plus d'un contributeur médical », il ne précise pas que certains débiteurs ont sans aucun doute vérifié les raisons médicales et non médicales de leur faillite.* **<u>Certains ont peut -être même coché les seize raisons.</u>**

<u>De telles faillites étaient néanmoins enregistrées comme ayant une «</u> <u>cause majeure ou médicale ».</u> *(c'est moi qui souligne) .»*

Je vous encourage vivement à lire l'article de Gail Heriot qui démonte complètement les recherches de Warren. C'est vraiment embarrassant de constater à quel point leur étude a été médiocre. Et pourtant, nous voici, toutes ces années plus tard, l'un de ses co- auteurs écrivant en 2017, que l'abrogation d'Obamacare TUERAIT 43 000 personnes par an. Ces gens ne seraient pas blessés ou ne déposeraient pas le bilan, remarquez, ils seraient ASSASSINÉS par les politiques du GOP. Et pourtant, nous prenons ces gens au sérieux. Je ne comprends pas.

Examinons une autre étude publiée dans le New England Journal of Medicine en mars 2018. Cet article remettait également en question l'idée selon laquelle tant de personnes déclarent faillite en raison de problèmes médicaux.

Mythe et mesure : le cas des faillites médicales par Carlos Dobkin , Ph.D., Am et Finkelstein , Ph.D., Ra y mond Kluender , BS, et Matthew J. Notowidi g faire , doctorat.

« (I)n 2014, les sénateurs Elizabeth Warren (Démocrate-MA) et Sheldon Whitehouse (Démocrate-RI) ont cité les factures médicales comme « la principale cause de faillite personnelle » lors de l'introduction du Medical Bankruptcy Fairness Act, qui aurait rendu le processus de faillite plus difficile. plus indulgent pour les « débiteurs en difficulté médicale ». **Mais il s'avère que les preuves existantes des « faillites**

médicales » souffrent d'une erreur statistique fondamentale ; Lorsque nous avons éliminé ce problème, nous avons trouvé des preuves irréfutables de l'existence de faillites médicales, mais nous avons découvert que les frais médicaux provoquent beaucoup moins de faillites qu'on ne le prétendait.

(B) elfes sur la fréquence des faillites médicales s'appuient principalement sur deux articles très médiatisés qui affirment que les événements médicaux sont à l'origine d'environ 60 % de toutes les faillites aux États-Unis. [1], [2]

Dans ces études, il a été demandé aux personnes ayant fait faillite si elles avaient subi des difficultés financières liées à la santé, telles que des factures médicales importantes ou une perte de revenus due à une maladie. On a également demandé aux gens s'ils avaient fait faillite à cause de frais médicaux. Les personnes qui ont signalé l'un de ces événements ont été décrites comme ayant connu une faillite médicale. **Cette approche suppose que chaque fois qu'une personne déclarant avoir des factures médicales importantes fait faillite, la faillite a été causée par la dette médicale.** *Le fait que, selon un rapport de 2014 du Consumer Financial Protection Bureau, environ 20 % des Américains ont des dettes médicales importantes et pourtant, au cours d'une année donnée, moins de 1 % des Américains déclarent faillite personnelle suggère que cette hypothèse est problématique. De toute évidence, de nombreuses personnes sont confrontées à des dettes médicales mais ne font pas faillite.*

Notre étude s'appuie sur un échantillon aléatoire stratifié d'adultes âgés de 25 à 64 ans qui, entre 2003 et 2007, ont été admis à l'hôpital (pour un séjour non lié à une grossesse) pour la première fois depuis au moins 3 ans. Nous avons lié plus d'un demi-million de ces personnes à leurs dossiers de crédit détaillés pour la période comprise entre 2002 et 2011. Le nuage de points montre les résultats de notre analyse.

Les résultats montrent un effet évident de l'hospitalisation sur la faillite : le taux de faillites augmente fortement dans les années qui suivent l'hospitalisation, et ce changement est statistiquement significatif (aux niveaux conventionnels) à la fois 1 et 4 ans après l'admission, après quoi les faillites semblent diminuer. se stabiliser. Cette constatation indique que les dépenses résultant de la maladie ou de la blessure qui a causé l'hospitalisation – par exemple, les frais médicaux directs et la perte de revenus du travail – poussent certaines personnes à déclarer faillite.

*Cependant, l'ampleur de l'effet de la faillite est bien moindre qu'on ne le pensait auparavant : **nous estimons que les hospitalisations ne sont à l'origine que de 4 % des faillites personnelles chez les adultes américains non âgés, ce qui est un ordre de grandeur inférieur aux estimations précédentes décrites ci-dessus*. »**

Ainsi, même si nous avons tous été amenés à croire que nous sommes à un pas de la faillite, les chiffres réels révèlent quelque chose de complètement différent. En fait, plus vous lisez ces articles, plus vous réalisez que les alarmistes espèrent vous faire peur et vous faire capituler en acceptant un système de santé à payeur unique, où ILS exercent un contrôle, bien sûr.

Or, est-ce que certaines personnes font faillite à cause de dépenses de santé ? Bien sûr. Les gens font-ils également faillite en raison d'un versement hypothécaire important ? Prêt automobile ? Dette de carte de crédit? Ouais. Bizarre qu'il n'y ait aucun mouvement politique encourageant un rachat par l'État des produits de consommation pour nous empêcher de faire faillite. Enfin, du moins pas encore.

Chapitre 15 - La vérité sur les frais médicaux à la retraite

Chaque année, Fidelity publie son étude sur le coût des soins de santé à la retraite. Chaque année. Je me souviens avoir utilisé cette étude lorsque je débutais comme courtier en 2005 lors des séminaires que je suivais. À l'époque, les coûts n'étaient que d'environ 180 000 $. Aujourd'hui, ces coûts sont presque le double, en raison de l'inflation. Et chaque année, des acteurs du secteur des services financiers utilisent cette étude pour inciter les gens à épargner davantage et à travailler plus longtemps.

Voici un tweet récent de Jonanthan Clements nous mettant en garde contre les coûts des soins de santé à la retraite.

Jonathan Cléments :
4h30 - 20 juin 2019

Un couple de 65 ANS qui prendra sa retraite en 2019 dépensera en moyenne 285 000 $, en dollars *d'aujourd'hui, en frais médicaux à la retraite, estime Fidelity Investments.*

Ce chiffre n'inclut pas les dépenses de soins de longue durée.

L'ironie de ce tweet est qu'il émane du même type qui a attaqué le secteur des services financiers pendant des années alors qu'il travaillait au Wall St. Journal. En fait, il a même écrit un article intitulé « Il est temps de mettre fin aux frais de 1 % des conseillers financiers ». Pourtant, il y a quelques années, il a rejoint un cabinet qui facture... 1 % de frais à ses clients ! Voir mon propre article ici sur ce. Juste une preuve supplémentaire que l'argent parle, je suppose.

Alors, si les affirmations de Clements et d'autres sont vraies concernant les coûts des soins de santé à la retraite, existe-t-il une solution ? Bien sûr qu'il y en a !
Et heureusement, Fidelity le dit nous:

« Pour contribuer à combler le manque d'épargne pour les dépenses de santé, envisagez d'augmenter les cotisations à vos comptes fiscalement avantageux »

Investissez PLUS d'argent, disent-ils. Bien sûr, c'est la solution. C'est comme ça qu'ils sont payés !

Il est intéressant de noter que personne dans le secteur des services financiers ne mentionne ce qui est évident, du moins pour moi, à propos d'une façon très simple de gérer ces coûts de santé à la retraite ; LIRE VOTRE CONSEILLER!

En fait, j'ai fait une vidéo ici ce qui montre que si Karen licenciait son conseiller, elle économiserait 369 000 $ en frais totaux au cours de sa retraite. C'est de l'argent qui peut servir à son Medicare B, D et à une politique complémentaire PLUS des dépenses personnelles, une quote-part, et même certains frais de soins de longue durée ! (C'est étrange que le secteur de l'investissement n'établisse jamais ce lien, hein ?)

Pour mémoire, je conteste l'étude de Fidelity en raison de ce qu'elle ne montre pas. Ils ne mentionnent pas qu'un couple de retraités moyen aura besoin de plus de 500 000 $ pour se nourrir, ou de plus de 800 000 $ pour se loger, ou de plus de 300 000 $ pour le transport. Utiliser une somme forfaitaire aujourd'hui pour estimer une dépense **annuelle future** est tout simplement idiot, il n'y a pas d'autre solution.

Deuxièmement, pourquoi se concentrer uniquement sur les soins de santé ? Après tout, les soins de santé ne représentent même pas la dépense la plus importante à laquelle la plupart des retraités seront confrontés. Voici une vidéo Je l'ai fait sur ce sujet précis, d'ailleurs.

Eh bien, parce que personne ne prendrait au sérieux une étude selon laquelle un couple moyen aurait besoin de 500 000 $ pour se nourrir au cours de sa retraite. Les gens savent qu'ils doivent payer pour la nourriture et que la nourriture est un coût QUOTIDIEN. Ainsi, il n'y a pas de peur de l'inconnu avec l'alimentation comme c'est le cas avec les soins de santé. Et c'est là le problème pour moi. Ces gens profitent de la peur de l'inconnu.

Revenez simplement au tableau 21 du chapitre 11 pour voir les dépenses réelles des retraités. Les soins de santé ne figurent même PAS parmi les trois principales dépenses des ménages de plus de 55 ans. Ce n'est que lorsque le ménage a plus de 75 ans que les soins de santé deviennent l'une des trois principales dépenses. Et même dans ce cas, les soins de santé sont juste un peu plus chers que le transport et la nourriture et restent bien derrière le logement en termes de coûts totaux.

Mais prenons un moment pour identifier COMMENT Fidelit y est arrivé à ce montant de 285 000 $.

"Le retraité moyen de 65 ans et plus devrait aujourd'hui s'attendre à payer environ 5 000 $ par an en primes de soins de santé et en dépenses personnelles."

D'ailleurs, je n'ai AUCUN problème avec cette découverte. Cela correspond également à ce que montrent les enquêtes du BLS.

En fait, il suffit de regarder comment cela se décompose. 135 $ par mois en primes Medicare Part B. 35 $ par mois dans la partie D. Dites 150 $ pour une politique supplémentaire Medicare. Tenez compte des co-paiements, des frais dentaires, de la vision, etc. et vous obtenez votre dépense de 5 000 $ par an. Facile.

Mais encore une fois, pourquoi se concentrer uniquement sur ce coût de la part des types pessimistes ? Il faut manger 3 repas par jour, non ? Combien ça coûte? Si chaque repas coûte 5 $, vous dépenserez 5 475 $ par an en nourriture. Alors pourquoi ces propos alarmistes uniquement sur les soins de santé ?

Une autre de mes bêtes noires à propos de ces tactiques alarmistes est non seulement qu'elles font peur en pensant que les coûts des soins de santé nous condamneront, mais qu'elles ajoutent du sel à la plaie avec des informations comme celle-ci :

Jonathan Cléments :
4h30 - 7 mai 2019

> *Les frais médicaux à payer représentent 18 % du revenu moyen d'un retraité, selon une étude du Boston College. Cela exclut les coûts des soins de longue durée. Pour 6 % des retraités, les frais médicaux engloutissent plus de la moitié de leurs revenus.*

Notez le « exclut les coûts des soins de longue durée ». Nous entendons cela tout le temps de la part des pourvoyeurs de malheur. « Les coûts des soins de santé sont CHER, vous devriez vous inquiéter ! Et cela n'inclut même pas les coûts des soins de longue durée !!! (Je dois également le souligner dans le tweet de Clements. Il dit que 6 % des retraités dépensent plus de la moitié de leurs revenus en factures médicales. Cela prouve que ce n'est PAS une crise pour la grande majorité d'entre nous. Oui, ça pue d'être dans ces 6 %. , mais cela signifie intrinsèquement que 94 % ne consacrent pas la moitié de leurs revenus aux frais médicaux !)

Eh bien, qu'en est-il des coûts des soins de longue durée ?
Alors regardons quels pourraient être les coûts des soins de longue durée ? Heureusement, les gens de Genworth organisent leur étude annuelle . des coûts des soins de longue durée.

Tableau 28

Principaux résultats de l'enquête sur le coût des soins de 2018

Catégorie	Année terminée Année Augmenter	Horaire	Tous les jours	Mensuel	Annuellement	5 ANS TCAC
Aide à la vie Installations	6,67%		132 $	4 000 $	48 000 $	3,00%%
Maison de repos Semi-privé	4,11%		245 $	7 441 $	89 297 $	3,44%
Maison de repos Privé	3,00%		275 $	8 365 $	100 375 $	3,64%
Journée des adultes Se soucier	2,86%		72 $	1 560 $	18 720 $	2,07%
Santé à domicile Aide	2,33%	22 $	138 $	4 195 $	50 336 $	2,51%
Ménagère Prestations de service	0,24%	21 $	132 $	4 004 $	48 048 $	2,85%

Qu'est-ce que Genworth ? Il s'agit d'une compagnie d'ASSURANCE qui vend des choses comme l'assurance soins de longue durée, l'assurance-vie et les rentes. Voyez-vous un modèle ici ? Fidelity mène son enquête annuelle sur les coûts des soins de santé à la retraite. Il constate que les coûts sont ÉLEVÉS et, heureusement, ils ont des solutions à nous proposer !

Genworth mène son enquête annuelle sur les coûts des soins de longue durée et constate que ces coûts sont également ÉLEVÉS. Heureusement, ils ont aussi des solutions. Ouf! Que ferions-nous si ces entreprises ne nous « informaient » pas sur les coûts de la retraite et ne nous proposaient pas ensuite des solutions pour faire face à ces coûts ?

Vous avez probablement aussi entendu des histoires d'horreur sur la nécessité de soins de longue durée. Voici le titre d'un article dans le Fou Motley :

70 % des Américains âgés pourraient faire face à cette dépense colossale. *Tenez-vous en compte le coût des soins de longue durée dans votre plan de retraite ?* Ou ca .

Prenez-vous des mesures pour répondre à cette préoccupation majeure en matière de retraite ?

Indice : c'est une dépense à laquelle 70 % des personnes âgées sont susceptibles de faire face.

Et il n'y a pas que le Motley Fool qui hurle dans les gros titres sur les coûts des soins de longue durée pour les retraités.

Voici de Marketwatch ...

Les soins de santé coûteront 280 000 $ à la retraite – et cela n'inclut pas cette énorme dépense .

de USA Today...

La planification de la retraite devrait inclure le coût des soins de longue durée

Il existe de nombreux articles comme celui-ci. Mais ce qui est intéressant, c'est que même si ces articles parlent des coûts des soins de longue durée , ils ne semblent jamais mentionner la probabilité que vous en ayez réellement BESOIN.

Voici un bon article de Morningstar qui a publié le tableau ci-joint :

Utilisation des soins de longue durée

52 % : Pourcentage de personnes atteignant 65 ans qui auront besoin d'un certain type de services de soins de longue durée au cours de leur vie.

47 % : pourcentage estimé d'hommes de 65 ans et plus qui auront besoin de soins de longue durée au cours de leur vie.

58 % : pourcentage estimé de femmes de 65 ans et plus qui auront besoin de soins de longue durée au cours de leur vie.

2,5 ans : nombre moyen d'années pendant lesquelles les femmes auront besoin de soins de longue durée. 1,5 an : nombre moyen d'années pendant lesquelles les hommes auront besoin de soins de longue durée. 14 % : pourcentage de personnes qui auront besoin de soins de longue durée pendant cinq ans.

Or, ce tableau peut paraître effrayant, au premier abord. Après tout, plus de la moitié des personnes qui atteignent 65 ans ont besoin d'un certain type de soins de longue durée ! Mais... alors on trouve :

_57,5%_ : *Pourcentage de personnes atteignant 65 ans entre 2015 et 2019 qui dépenseront moins de 25 000 $ en soins de longue durée au cours de leur vie.*

_15,2%_ : *Pourcentage de personnes atteignant 65 ans entre 2015 et 2019 qui dépenseront plus de 250 000 $ en soins de longue durée au cours de leur vie (c'est moi qui souligne).*

En fait, regarde _ça_ graphique de l'Association nationale des commissaires aux assurances et du Centre de recherche sur les assurances et les politiques :

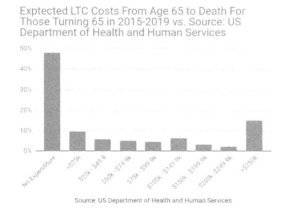

Exptected LTC Costs From Age 65 to Death For Those Turning 65 in 2015-2019 vs. Source: US Department of Health and Human Services

Source: US Department of Health and Human Services

Notez qu'il s'agit des « COÛTS DE SLD PRÉVUS », et non des coûts RÉELS de SLD. Et même s'il s'agit d'une étude financée par une assurance, elle semble néanmoins assez favorable pour la plupart des consommateurs. On estime que seulement 30 % de la population dépensera plus de 100 000 dollars au cours de sa vie. Ce qui signifie bien sûr que 70 % devraient dépenser MOINS de 100 000 $ et que la grande majorité de ces 70 % devraient dépenser moins de 25 000 $.

C'est une excellente nouvelle mais ce ne sont que des projections. Existe-t-il une étude qui montre les dépenses RÉELLES, en utilisant des personnes réelles ?

Et voilà, il y en a ! L'Employee Benefit Research Institute présente une étude que:

« *estime combien les retraités dépensent de leur poche en soins de santé après 70 ans et jusqu'à leur décès. **Contrairement à de nombreuses autres études, elle inclut uniquement les dépenses liées aux services de*** *santé réellement utilisés.* (*c'est-à-dire que Medicare et les primes d'assurance ne sont pas incluses), et il est **basé sur les dépenses autodéclarées des retraités réels et non sur des projections pour des individus hypothétiques.** Les chiffres sont ajustés à l'inflation médicale et rapportés en dollars de 2015. Les dépenses autodéclarées proviennent de données de panel de la cohorte Asset and Health Dynamics Among the Oldest Old (AHEAD) de la Health and Retirement Study (HRS) (c'est moi qui souligne).*

As-tu attrapé ça ? Cette étude ne s'intéresse PAS à des hypothèses, mais à des coûts réels, déclarés par des personnes réelles et réelles ! Intéressant, non ? On pourrait penser qu'une étude qui prend de VRAIS chiffres auprès de VRAIES personnes aurait attiré plus d'attention dans le monde de la planification financière. Mais, pour une raison quelconque, ce n'est pas le cas. Je me demande pourquoi??? Hmmmmm… Eh bien peut-être parce que ses conclusions sont :

« *Pour la majorité des personnes interrogées, **les dépenses de santé directes ne sont pas aussi élevées qu'on le croit généralement.** Pour ceux qui décèdent à 95 ans ou plus tard, le **Les dépenses personnelles cumulées médianes après 70 ans jusqu'au décès sont légèrement supérieures à 27 000 $.** » (c'est moi qui souligne).*

La médiane, le 90e percentile et le 95e percentile des dépenses personnelles annuelles moyennes pour l'ensemble de l'échantillon sont d'environ 2 000 $, 11 000 $ et

19 000 $ respectivement.

Permettez-moi de répéter ce que rapporte cette étude : le coût TOTAL médian des **dépenses personnelles était de 27 000 $. pour les 70 ans et plus.** Avec un coût ANNUEL médian de 2 000 $. Hmmm... cela ne ressemble pas à la catastrophe que les prophètes de malheur proclament, n'est-ce pas ? C'est peut-être pour cela que cette étude n'a pas acquis le niveau de notoriété qu'elle devrait, car elle est plutôt favorable au consommateur moyen.

Maintenant, disent les auteurs.

« *Mais (les dépenses personnelles) sont catastrophiques pour certains. Encore une fois, pour ceux qui décèdent à 95 ans ou plus tard, les 90e et 95e percentiles s'élèvent respectivement à près de 172 000 $ et à un peu plus de 269 000 $.*

Les dépenses des maisons de retraite sont l'un des principaux contributeurs à l'asymétrie de la répartition (c'est moi qui souligne). *Sans les dépenses directes des maisons de retraite, les 90e et 95e centiles pour ceux qui décèdent à 95 ans ou plus tombent à près de 96 000 $ et 154 000 $, respectivement.* Ainsi, il existe une petite minorité de personnes qui doivent assumer de lourdes dépenses en matière de soins de santé. Et la principale raison de ces coûts sont les maisons de retraite. Essentiellement, si vous pouvez rester en dehors de la maison de retraite, il y a de bonnes raisons de croire que vos dépenses personnelles à la retraite pour les soins de santé seront raisonnables.

En fait, *« pour toutes les personnes interrogées, les dépenses médianes engagées dans les maisons de retraite sont nulles ».*

Pour TOUTES les personnes interrogées, la dépense médiane des maisons de retraite était de ZÉRO ! Cela signifie que 50 % de l'ensemble de l'enquête n'avait AUCUNE dépense pour les maisons de retraite. Encore une fois, je ne saurais trop insister sur l'importance que vous compreniez. Les chiffres détruisent complètement l'hypothèse selon laquelle les Joe et Jane moyens seront écrasés par les coûts des soins de santé à la retraite.

Maintenant, vous vous demandez peut-être qui a exactement été interrogé, et à juste titre. Heureusement, voici la réponse.

«Cette étude utilise les données de la Health and Retirement Study (HRS). En particulier, les données de la cohorte Asset and Health Dynamics Among the Oldest Old (AHEAD) de HRS sont utilisées pour l'étude. Les membres d'AHEAD sont nés avant 1924 et avaient au moins 70 ans lorsqu'ils ont été interrogés pour la première fois en 1993. Après le premier entretien, ils ont été interrogés en 1995, 1998 et tous les deux ans depuis lors. La taille initiale de l'échantillon de la cohorte était de 8 335 personnes. L'échantillon exclut les conjoints des membres de l'AHEAD qui avaient moins de 70 ans en 1993. En 2014, 6 619 membres de la cohorte AHEAD étaient décédés. Il s'agit de la taille finale de l'échantillon car cette étude se concentre sur les membres décédés de la cohorte et accumule leurs dépenses de santé restantes.

Comme vous pouvez le constater, il s'agit d'une vaste enquête portant sur un échantillon énorme de personnes réelles qui couvre des décennies. Difficile de voir comment cette enquête pourrait être plus représentative de la population générale. Il s'agit d'excellentes informations que VOUS pouvez utiliser concernant votre propre planification financière.

Permettez-moi de partager avec vous la conclusion :

« Les dépenses de santé constituent un risque majeur pour les retraités. Cette étude examine combien les gens dépensent réellement pour leurs soins de santé après 70 ans en suivant un groupe de retraités jusqu'à leur décès. Les résultats fournissent des informations importantes. ***Premièrement, pour une majorité de retraités, ces dépenses sont modérées et pas aussi élevées que beaucoup le pensent.*** *Deuxièmement, pour certains retraités, ces dépenses pourraient être catastrophiques. Parce qu'il n'est pas facile de prédire à l'avance qui aura réellement des dépenses médicales élevées, le risque reste important (c'est moi qui souligne).*

Je répète leurs conclusions : « pour une majorité de retraités, (les dépenses de santé) sont modérées et pas aussi élevées que beaucoup le pensent. » L'auteur affirme maintenant qu'un petit nombre de personnes sont confrontées à des coûts catastrophiques et que, bien entendu, il reste un risque. Mais **quelques** les gens confrontés à un risque catastrophique est certainement un problème complètement différent de ce que l'on nous a fait croire que **la plupart** les gens vont.

Donc, si vous reportez votre retraite en raison de la crainte de coûts de santé importants, il est peut-être temps de repenser cette situation.

Conclusion

La seule raison pour laquelle j'ai écrit ce livre est à quel point je suis frustré par tout le pessimisme qui imprègne la planification de la retraite. Peu importe la bêtise de Suze Orman selon laquelle vous avez besoin de MILLIONS pour prendre votre retraite. C'est au-delà de ça. Le pessimisme est partout. Je vous invite à répondre à votre propre enquête informelle.

Posez simplement cette question aux gens ; « Etes-vous inquiet pour la retraite ? Ils vont TOUS dire « OUI ! » Et quand vous demandez pourquoi, ils vous donnent des raisons passe-partout : les soins de santé, la sécurité sociale sont en faillite, le dollar va perdre de sa valeur, les marchés ne vont pas nous donner de bons rendements, etc.

Ce sont tous des problèmes qui peuvent être vrais à grande échelle, mais comment VOUS affectent-ils spécifiquement ??? La réponse n'est pas grande.

En fait, si vous pouvez faire cette seule chose pour préparer votre retraite, je prédis que tout ira bien pour vous. Prêt pour ça ???

Remboursez votre hypothèque.

Si vous n'avez pas d'hypothèque, vous avez réduit ce qui est de loin la dépense la plus importante des retraités. Faites cela et vos revenus de Sécurité Sociale feront le reste pour mettre votre retraite à portée de main. Pas pour tout le monde, je comprends. Mais certainement pour plus de gens qu'ils ne le pensent. Et c'est mon désir le plus sincère que ce livre vous aide également à le réaliser !

Bénédictions,

Josh Scandlen
juillet 2019
Milton, Géorgie

Notes de bas de page

Introduction : https ://www.fidelit y .com/about-fidelit y /em p lo y er-services/acoup le - retirin g -in-2018-would-need-estimated-280000

Chapitre 1
htt p s://www.ssa. g ov/ p ubs/EN-05-10070. p df
htt p s://www.ssa. gouvernement /mon compte /matériaux/ p dfs/SSA-7005-SMSI%20Wanda%20Worker%20Near%20retirement. p df htt p s://www.ssa. g ov/oact/cola/awifactors.html

Chapitre 2

htt p s://www.ssa. g ov/oact/cola/awifactors.html htt p s:// y outu.be/EoM Q SwVh0XE htt p s://www. sur outube.com/watch?v=d0W920TJz4&feature= sur outu.be

chapitre 3

htt p s://www.ssa. g ov/histor y /briefhistor y 3.html htt p s://www.ssa. g ov/oact/COLA/ p iaformula.html htt p s://www.ssa. gov /oact/ p ro g data/retirebenefit2.html htt p s://www.ssa. g ov/oact/Pro g Data/retirebenefit1.html

Chapitre 4

htt p s://www.ssa. g ov/ planners /retire/retirechart.html htt p s://www.usatoda y .com/stor y /mone y / p ersonalfinance/retireme nt/2018/06/19/whats-most- p o p ular -a g e-to-take-socialsecurity / 35928543/ https : //www.ssa. g ov /OACT/ population / long g evit y .html htt p s : //www.ki p ling er.com/article/retirement/T051-C000-S004delay in g -social - securit y - augmente-la-valeur-des-colas.html https : //www.ssa. g ov/OACT/TR/2018/V_B_econ.html htt p s://www.usatoda y .com/stor y /mone y /2019/02/21/avera g e-lifeex p ectanc y -in-the- us-hawaii-to p -state-for-a-long -life /39018551/ htt p s:// y outu.be/fSH9-rrO5U Q

Chapitre 6 http : //www.ssa. g ov/oact/cola/awifactors.html

Chapitre 8

htt p s://www.cnbc.com/2019/07/05/how-much-mone y -do-youneed -to-retire.html htt p s://herita g ewealth plannin g .com / page - impôt - interactive /

Chapitre 11

https://www.i-orp.com/help/RealityRetirementPlanning.pdf
https://www.bls.gov/opub/btn/volume-5/spending-patterns-ofolder-americans.htm
https://factfinder.census.gov/faces/nav/jsf/pages/index.xhtml https://factfinder.census.gov/faces/tableservices/jsf/pages/productview.xhtml?pid=ACS_17_5YR_S2506&prodType=table
https://www.firecalc.com/
http://www.retailinvestor.org/pdf/Bengen1.pdf https://www.onefpa.org/journal/Pages/NOV17-Are-YourClients-Not-Spending-Enough-in-Retirement.aspx

Chapitre 12
https://www.wsj.com/articles/SB115505641496829993
https://amzn.to/2XDNNHf
https://heritagewealthplanning.com/time-to-tune-out-thefinancial-advisory-industry/
https://www.cnbc.com/2019/03/14/heres-how-many-americansare-not-saving-any-money-for-emergences-or-retirement-atall.HTML
https://fred.stlouisfed.org/series/PSAVERT https://www.ssa.gov/OACT/ProgData/taxRates.html https://www.nber.org/papers/w8341.pdf https://www.forbes.com/sites/andrewbiggs/2019/06/11/socialsecurity-expansion-could-shrink-economy-by-1-6trillion/#5d6dc49f15b0
https://www.thevintagenews.com/2018/01/04/pippilongstocking/ https://www.nber.org/papers/w12288.pdf

Chapitre 13
https://www.amjmed.com/article/S0002-9343(09)00525-7/pdf https://www.nasdaq.com/article/medical-bankruptcy-tue-t-il la-classe-moyenne-américaine-cm1099561

https://www.cnbc.com/2019/02/11/this-is-the-real-reason-mostamericans-file-for-bankru p tc y .html

http : //www. q uestia.com/ma g azine/1G1-8490776/t he-cor p oratecom promet -a-marxist-view-of-health

http : //www. p nh p .or g /PDF_files/MedicalBankru p tc y . p df htt p s://bit.l y /2RtA7sU

htt p s://www.washing ton p ost.com/ postever y thing / w p /2017/01/23 /re p ealing -the - affordable -care-act-will - kill- more- plus de 43 000 personnes par an /?utm_term=.e7661e993dd8 htt p s : //www.ncbi.nlm.nih . gouvernement / p mc/articles/PMC5865642/

Chapitre 14

https://www.rebalance360.com/news/time-end-financialadvisers-1-fees/

htt p s://herita g ewealth planning .com /ton y -robbins -is-wron g -oninvestment-fees/

htt p s://www.fidelit y .com/view p oints/ personal -finance/ plan -forrising -health -care-costs htt p s ://www. sur outube.com/watch ? v=475Y_vL9bHw&feature= y outu.be

htt p s://www.fidelit y .com/life-events/ planning -for - rising nursing - costs htt p s://www. g enworth.com/a g in g -and- you /finances/cost-ofcare.html

htt p s://www.fool.com/retirement/2017/02/06/70-of-olderamericans-could -face-this-colossal-ex p .as p x

htt p s://www.fool.com/retirement/2018/04/08/are- you -takin g step s -to-address-this-ma j or-retirem.as p x

https://www.marketwatch.com/stor y /health-care - will- cost280000-in-retirement-and-that-doesnt-include-this-hu g eex p ense -2018-04-19

htt p s://www.usatoda y .com/stor y /mone y / p ersonalfinance/retireme nt/2017/11/17/retirement- plannin g - should-include-long g -termcare-costs/86 6344001 /

https ://www.morning star.com/articles/879494/75-
mustknowstatistics-about-long g term-care-2018-ed.html

htt p s://www.naic.org / documents/ci p r_current_stud y
_160519_ltc
_assurance. p df

htt p s://assets.as p eninstitute.or g /content/ uploads
/2019/04/ebri_ib
_446_catastro phichealthcare -3a p r18. p df